Wolfgang Heidenreich

Antje Krause

BEGRÜNEN WAS GEHT

Kleine und große Pflanzideen für Wände, Zäune, Dächer und graue Ecken

INHALT

Jede
Pflanze mehr
zählt!

GRÜN IST AUSGLEICH

→ Eine Studie hat es bewiesen, was für Viele auf der Hand liegt: Wer sich im Grünen ausruht, ist entspannter als der, der sich im Grau zu erholen versucht. Wen wundert's? Die allermeisten von uns spüren tief in sich drin, dass es die Natur des Menschen ist, von lebendigem Grün und Bunt angesprochen zu sein, statt von totem Grau. Dabei spielt es nur eine untergeordnete Rolle, ob es aus dem Erdboden treibt, aus Töpfen und Blechkanistern sprießt oder aus Hanging Baskets wallt. Der Anblick von möglichst Naturnahem tut uns gut. Eigentlich schon Grund genug für mehr Grün vor Häusern und Zäunen ...

NATUR VOR DER HAUSTÜR

→ Wo lebendiges Grün ist, kommen mehr Lebewesen! Gerade der bedrohten Gruppe der Insekten können wir mit unseren Begrünungsprojekten, und seien sie noch so klein, Lebensraum und Nahrung schenken. Vögel und Igel sind uns ebenso hochwillkommen! Uns verhilft das zu einer besseren Ernte, da mehr Bestäuber durch die Luft schwirren, und zu schönen Naturbeobachtungen. Wir bekommen Entschleunigung geboten und unsere Kinder Bio-Lektionen live. Und das Summen und Brummen, Kreuchen und Fleuchen erwärmt schlicht und einfach das Herz.

KÜHLEN DURCH VERDUNSTEN

→ Kennst du Klimageräte, die ohne Strom betrieben werden, nur hin und wieder Wasser brauchen? Das sind die Pflanzen! Pflanzen nehmen bei der Photosynthese Kohlenstoffdioxid auf und produzieren Traubenzucker (Glucose) mittels Wasser, Licht und Chlorophyll. Dabei wird Sauerstoff abgegeben und Wasserdampf verdunstet. Beim Verdunstungsprozess wird der Umgebung Energie entzogen, es wird kühler. Das Zusammenspiel der Pflanzen und der Lufttemperatur ist perfekt: Die Pflanzen kühlen stärker, wenn die Temperatur steigt. Als Dach- und Fassadengrün können sie Gebäude direkt kühlen.

SCHATTEN MIT FRÖSTELEFFEKT

→ Im Sommer barfuß aufs Dach? Auf einem unbegrünten Dach wird im Sommer fast 100 % der Sonneneinstrahlung in Wärme umgewandelt – autsch! Das Material heizt sich auf und die Wärmerückstrahlung wirkt auf das Haus und die Umgebung. Schon bei einem extensiv begrünten Dach mit wenigen Zentimetern Substrat wird deutlich mehr als die Hälfte der Sonneneinstrahlung in Verdunstungskälte statt in Wärmeabstrahlung umgewandelt. Außerdem werden Dächer und Wände durch Begrünungen verschattet und somit durch den geringeren Wärmeeintrag schon von vornherein kühler gehalten.

DÄMMUNG IM WINTER

→ Können im Sommer Energiekosten für Klimageräte eingespart werden, so kann Gebäudebegrünung im Winter Energiekosten für das Heizen sparen – aufgrund der Dämmwirkung von Substrat und Pflanzen. Selbst bei Fassadenbegrünungen mit Pflanzen, die im Winter ihre Blätter verlieren, sind höhere Temperaturen an den Fassaden gemessen worden als bei kahlen Wänden. Die vielen Triebe halten die von der Fassade erwärmte Luft fest, sie wird nicht gleich mit jedem Windhauch weggeblasen. Fazit: Pflanzen können die Wärmedämmung zwar nicht ersetzen, aber gut unterstützen.

SCHUTZHÜLLE FÜR BAUWERKE

→ Insbesondere die extremen natürlichen Temperaturschwankungen machen den Materialien am Haus zu schaffen: Dachdichtungen und Wände bekommen Risse und auch die UV-Strahlung trägt zur Alterung der Materialien bei. Begrünte Dächer und Fassaden dienen als Bautenschutz! Und noch ein interessanter Nebengedanke: Auch für Graffiti-Sprüher sind begrünte Fassaden uninteressant.

GRÜNES ALS FEINSTAUBFILTER

→ Straßen- und Zugverkehr, Gewerbe, Industrie und auch Landwirtschaft belasten die Luft mit Feinstäuben. Ist noch eine Baustelle in der Nähe und das Fenster zum Lüften offen, kommt man mit dem Staubwischen kaum hinterher. Die gröberen Partikel, die man mit bloßem Auge sehen und wegwischen kann, sind genau genommen noch das kleinere Übel. Die ganz kleinen Partikel, die erstaunlich lange unsichtbar in der Luft verweilen, können beim Einatmen zu Erkrankungen führen. Die Blätter der Pflanzen – je mehr desto günstiger – filtern diese aus der Luft und tragen zu einer besseren Luftqualität bei.

UND SCHON IST ES RUHIGER

→ Lärm ist gesundheitsschädlich. Besonders, wenn man ihm hilflos ausgeliefert ist wie Geräuschen vom Straßen- und Bahnverkehr. Die schallharten Beläge, Gebäude und Mauern reflektieren die Schallwellen und spielen sie wie einen Pingpongball teils mehrfach hin und her. Dach- und Fassadenbegrünungen können diese Schallreflektionen brechen und der Lärmpegel ist mess- und hörbar geringer.

LET'S MAKE THE WORLD GREEN AGAIN!

Jedes kleine unscheinbare einjährige Blümchen mehr, jede zusätzliche Staude, jeder Strauch und jeder neu gepflanzte Baum machen einen Unterschied: für Bienen und weitere Insekten, für Singvögel, Weichtiere und Säuger, für Destruenten, die aus abgestorbener organischer Masse wertvollen Humus machen und somit die Bodenfruchtbarkeit erhalten, und nicht zuletzt für uns Menschen.

JEDES BISSCHEN GRÜN MEHR ...

Jede Pflanze mehr, die im Garten oder auf dem Balkon wächst, ist ein kleiner Schritt in Richtung „pro Natur". Im allerbesten Fall handelt es sich dabei um eine Pflanze, die perfekt zum Standort passt und daher wenig bis keine Aufmerksamkeit vom Gärtner verlangt und die als gute Insektenweide bekannt ist (Seite 14).

Für neue Eindrücke

Beete bepflanzen kann (fast) jeder, und der langjährig passionierte Hobbygärtner hat vielleicht auch schon jeden Quadratzentimeter Beetfläche bestückt. Wenn jetzt Töpfe und Kübel, Ritzen und Fugen, Hauswände und Dachflächen und selbst die wahnwitzigsten Gegenstände, die man mit bunten Blüten füllen oder in ein grünes Kleid hüllen kann, ins Visier geraten, entstehen neue optische Eindrücke und Überraschungen im Garten.

Für die Gesundheit

Wissenschaftliche Untersuchungen zeigen, dass sich Grün auf die physische und psychische Gesundheit positiv auswirkt. Pflanzen sind in der Lage, Feinstaub aus der Luft zu filtern und somit für bessere Luftqualität zu sorgen, was wiederum Atemwegserkrankungen vorbeugen hilft. Begrünungen haben nachweislich positive Effekte auf die Schallreflektion, salopp gesagt dämpfen sie den großstädtischen Lärmpegel – der nicht nur störend, sondern häufig auch krankmachend ist. Aber schon der bloße Anblick von Pflanzen ist eine gute Sache! Der Blick ins Grüne beruhigt und baut Stress ab, wirkt gegen Aggressionen, steigert die Konzentrationsfähigkeit und das Wohlbefinden im Ganzen. Pflanzen fördern außerdem soziale Kontakte, zum Beispiel beim gemeinschaftlichen Gärtnern oder durch Gespräche über den Gartenzaun. Es wird auch berichtet, dass Patienten im Krankenhaus mit Blick ins Grüne schneller gesunden und weniger Schmerzmittel benötigen als vergleichbare Patienten, die auf graue Fassaden schauen. Die grünen Blätter, die Herbstfärbung, die verschiedenen Blütenfarben und -formen und die vielfältigen Wuchsformen der Pflanzen wirken positiv auf uns Menschen, ob wir nun daran glauben oder nicht.

Für Verdunstungskälte und Verschattung

Gartenbesitzer kennen es tausendfach: Die Terrasse befindet sich an der sonnigsten Stelle am Haus. An sich eine gute Idee. Doch im Sommer kann es hier schnell zu heiß werden: Die Hauswand heizt sich sehr auf und strahlt die Wärme

MEHR GRÜN GEFÄLLIG?
WO EIN WILLE, DA EIN
PFLANZTROG ...

MENSCH UND TIER PROFITIEREN VON JEDEM ZUSÄTZLICHEN FITZELCHEN PFLANZENGRÜN.

ab. Eine Markise ist teuer und optisch nicht jedermanns Sache; ein Sonnenschirm hilft nur punktuell. Hinzukommt, dass Markisen und Sonnenschirme nur Schatten werfen, aber nicht aktiv kühlen können. Welche Möglichkeiten gibt es noch?

Hier kommen die Pflanzen ins Spiel! Kletterpflanzen an Fassaden zum Beispiel können das Aufheizen und die Wärmerückstrahlung der Hauswand stark reduzieren. Einerseits beschatten sie und sorgen dafür, dass die Wärme der Sonne nicht direkt bis zur Wand vordringen kann. Andererseits kühlen sie durch die Verdunstung über ihr Blattwerk die Umgebung aktiv. Um Wasser zu verdunsten, wird der Umgebung Wärme entzogen: in diesem Fall der umgebenden Luft und der Fassade, die dadurch abgekühlt wird. Diesen physikalischen Vorgang nennt man Verdunstungskälte erzeugen. Den hat jeder genau genommen schon am eigenen Leib erfahren, nämlich wenn er aus der Badewanne steigt und anfängt zu frösteln. Die Feuchtigkeit auf der Haut verdunstet, wofür der Haut Wärme entzogen wird.

Verdunstungskälte erzeugen können selbstverständlich nicht nur Kletterpflanzen. Jedes Gewächs mehr macht einen Unterschied. Somit werden Terrassen, die von großen Beeten eingefasst sind, oder Balkone mit üppiger Bepflanzung im Sommer immer ein angenehmeres Kleinklima aufweisen als Pendants der Marke „Steinwüste". Auch Dachbegrünungen verdunsten Wasser. Und last, but not least sind Bäume eine gute Idee: Sie besitzen aufgrund ihrer Größe auch viel Blattwerk, über das sie verdunsten können, und sie werfen außerdem angenehmen Schatten. Davon profitiert nicht nur der Mensch, der sich darunter ausruhen kann, sondern auch viele Gewächse, die über ein bisschen lichten Schatten zur Mittagszeit dankbar sind – besonders angesichts der immer heißer werdenden Sommer.

ZAHLEN & FAKTEN

Pflanzen am Haus als natürliche Klimaanlage zu verwenden, ist kostengünstig und sehr effektiv: Wenn es wärmer wird, wird mehr Wasser verdunstet und somit die Umgebung mehr gekühlt; und wenn die Temperaturen sinken, wird weniger verdunstet und deshalb auch weniger gekühlt.

Für ein stabiles Ökosystem

Zunächst ein bisschen Theorie: Ein Ökosystem besteht aus einem (abgrenzbaren) Lebensraum und einer Lebensgemeinschaft von Lebewesen, wie Flora, Fauna und Mikroorganismen. Das eine kann es nicht ohne das andere geben. Es ist ein sehr komplexes System mit gegenseitigen Abhängigkeiten. Es gibt Beziehungsgeflechte der Lebewesen zu ihrer unbelebten Umwelt, aber

Fast jedes nutzbringende, eher technische Element kann ein bisschen Grün vertragen.

auch der Lebewesen untereinander – die Nahrungskette ist nur ein Beispiel dafür.
Ökosysteme findet man in der freien Natur. Aber unsere Gärten sind ebenfalls Ökosysteme, denn auch hier bilden Kräuter, Gräser, Stauden, Gehölze, Insekten, Weich- und Säugetiere, Vögel, Würmer, Mikroorganismen, Pilze eine Lebensgemeinschaft ...
Jeder Raum, den wir von einer Steinwüste zu lebendigem Grün wandeln, kann das vorhandene Ökosystem erweitern oder – bei stark abweichenden Standortbedingungen und Artenzusammensetzungen – sogar ein neues Ökosystem schaffen.
Wenn man zulässt, dass auch ungewöhnliche Standorte aufblühen, Fugen im Pflaster oder Dächer zum Beispiel, vergrößert man einerseits die Fläche, die Pflanzen beherbergen kann, und andererseits entstehen besondere Lebensräume mit teils extremen Bedingungen. Diese Nischen sind für manche Arten der Himmel auf Erden. Einige Gewächse können hier ihre Pluspunkte wie Hitzeverträglichkeit oder extreme Trockenheitstoleranz ausspielen, während sie an Normalo-Standorten von konkurrenzstärkeren Allround-Pflanzen

Thymian und Co. liefern Bienen wertvolle Nahrung. Den Kräutern ist es egal, wo sie wachsen: Hauptsache, sie sind vor Staunässe geschützt.

verdrängt werden. Und wenn man bedenkt, dass es nicht nur unter den Pflanzen Spezialisten gibt, sondern auch in der Tierwelt, die ihrerseits auf ganz bestimmte Pflanzen angewiesen sind, schließt sich der Kreis. Dass ein Ökosystem umso stabiler und weniger „störanfällig" ist, je artenreicher es ist, liegt auf der Hand. Fällt ein Akteur – egal ob Pflanze, Tier oder Mikroorganismus – im Beziehungsgeflecht aus, kommt es darauf an, ob eine andere Art schnell seine Aufgabe übernehmen kann. Ein anschauliches und leider sehr aktuelles Beispiel liefert der Insektenrückgang.

ZAHLEN & FAKTEN

Schwindet die Artenvielfalt, verschwindet auch mancher tierische Spezialist, der auf eine bestimmte Pflanzenart als Nährpflanze angewiesen ist.

Für mehr Insekten und reiche Ernte

Insekten fehlt es heutzutage an Nahrungsquellen und Nistmöglichkeiten. Der Verlust der Nahrung wird neben der Flächenversiegelung durch Baumaßnahmen zum großen Teil auch durch die intensive Landwirtschaft verursacht. Den für die Insekten lebenswichtigen Wildkräutern – im gärtnerischen Zusammenhang meist Unkräuter genannt – wird mit Chemie der Garaus gemacht. Da mutet es fast wie Ironie an, dass diese Stoffe Pflanzen-„Schutzmittel" genannt werden. Insektizide, die Schädlingen an den Kragen gehen sollen und nützliche Insekten gleich mit über die Klinge springen lassen, tun ihr Übriges.

Aber auch städtische Grünflächen und viele chemiefreie Gärten, in denen es auf den ersten Blick divers grünt und blüht, bieten Insekten kaum üppige Kost. Wenn Wildbienen und Co. hier überwiegend hochgezüchtete Pflanzen mit gefüllter

Blüte vorfinden, kommen sie nicht an Nektar und Pollen heran. Hinzukommt, dass sie in sehr aufgeräumten Gärten keine Nistmöglichkeiten finden. Viele Insekten versuchen, in stark bebaute Gebiete auszuweichen, aber auch dort erwartet sie keine rosige Zukunftsperspektive. Dezimiert sich aufgrund der eben genannten Verschärfungen in den Lebensräumen sowohl die Zahl der Wildbienen-Individuen als auch die Anzahl der Arten – wer kann ihre Aufgabe im Ökosystem dann schnell und unkompliziert übernehmen? Wer bestäubt dann die Pflanzen und sorgt für deren Fortbestand und nicht zuletzt für das mannigfaltige Obst- und Gemüseangebot auf unserem Tisch?

Je vielfältiger die Pflanzenzusammenstellung im Garten, desto größer die Blütenvielfalt und umso mehr verschiedenartige Bestäuberinsekten werden angelockt. Daraus resultiert eine große Anzahl an bestäubten Blüten, was reichen Frucht- und Samenansatz und das wiederum gute Ernte und erfolgreiche Weitervermehrung zur Folge hat. So verkürzt könnte man die Vorteile zusammenfassen, die ein Plus – sowohl hinsichtlich der Quantität als auch der Diversität – an Pflanzen bringt.

Für das natürliche Gleichgewicht

„Mehr Pflanzen, mehr Insekten, mehr Pflanzennachwuchs“ ist also die Devise. Aber damit ist das Lied noch längst nicht zu Ende. Das Ökosystem Garten wäre nicht ein solches, wenn nicht noch andere Protagonisten mit von der Partie wären. Eine Vielzahl an Insekten im Garten lockt wiederum mehr Vögel an, die sich zwar auch über die Bestäuber hermachen, aber auch viele Insekten, die wir Gärtner als Schädlinge ansehen, vertilgen, allen voran die Blattläuse. Das Schöne: Die Natur strebt ein Gleichgewicht an – sofern der Mensch nicht gravierend eingreift. Das bedeutet, Bienen, Singvögel und Blattläuse und all die anderen Zweibeiner bis Tausendfüßler werden sich gegenseitig so in Schach halten, dass jeder sein Auskommen im naturnahen Garten haben wird.

ZAHLEN & FAKTEN

- Über 550 Wildbienenarten in Deutschland tragen zur Bestäubung von Pflanzen bei, weiterhin auch Honigbienen, Schwebfliegen, Tag- und Nachtfalter und andere Insekten.
- Hummeln, die gute Bestäuber sind, zählen zu den Wildbienen.
- Es gibt nur eine Honigbienenart (mit 25 Unterarten) in Deutschland, nämlich die in Europa und Afrika heimische Art *Apis mellifera*. Weltweit gibt es noch acht weitere Honigbienenarten.
- Honigbienen können den meisten Pollen auf einmal transportieren; andere Bestäuber gleichen die geringere Transportmenge durch häufigeres Anfliegen aus.
- Honigbienen fliegen mehrere Kilometer weit zur Nahrungssuche, Wildbienen nur etwa bis zu 500 m.
- Studien haben ergeben, dass Wildbienen effektivere Bestäuber sind als Honigbienen.

FEATURE

AUGENWEIDE BIENENWEIDE

Wenn man sich für mehr Grün im Garten oder auf dem Balkon entscheidet, kommt auch die Frage nach dem „Was“ auf. Natürlich sollten es Pflanzen sein, die möglichst perfekt zum Standort passen. Nur dann sind sie pflegeleicht und können ihre Aufgabe, Gärten, Häuser und Straßenzüge zu begrünen, mit Bravour meistern. Aus ökologischer Sicht ist noch ein weiterer Aspekt wichtig: Wann immer man heimische Bienenweiden einsetzen kann, tut man etwas Gutes für die Natur.

Bienenweiden (auch Bienentrachtpflanzen oder kurz Bienenpflanzen) nennt man Pflanzen, die reichlich Pollen oder Nektar bilden, und damit Insekten, allen voran Bienen, viel Nahrung bieten. Nicht die hochgezüchteten üppig gefüllten Blüten spielen hier die Hauptrolle, sondern die einfachen ungefüllten, manchmal auch kleinen Blüten heimischer Pflanzen. Sie bieten Nektar für die erwachsenen Bienen, auch für Schmetterlinge, und Pollen für die Bienenlarven.

Für jeden etwas

Es gibt nicht die eine perfekte Bienenweide. Pflanzenvielfalt ist angesagt. Ungefähr 500 Wildbienenarten in Deutschland lechzen nach den unterschiedlichsten Gewächsen. Manche Vertreter möchten Abwechslung auf dem Speiseplan, andere Wildbienenarten benötigen genau eine einzige Pflanzengattung zur Ernährung. Zum Beispiel die Glockenblumen-Scherenbiene: Sie verfüttert nur den Pollen von Glockenblumen an ihren Nachwuchs.

Auf Balkon und Fenstersims

Die fleißigen Brummer kannst du nicht nur als Garteneigentümer unterstützen. Bienenweiden kannst du auch ganz dicht ans Haus holen. Wie wäre es mit einem mit Kräutern bestückten Pflanzkasten auf der Fensterbank? Selbstverständlich sicher befestigt. In größeren Töpfen auf dem Balkon kannst du nicht nur Kräuter, sondern auch Stauden anpflanzen, ja selbst Bienenweiden-Gehölze (in entsprechend großen Gefäßen).

Pflanzen allein retten keine Bienen

Du solltest zudem viele verschiedene Situationen schaffen, die Wildbienen zum Nisten nutzen können: ein Holzstapel oder morsches Holz, trockene Stängel, zum Beispiel von Brombeere und Holunder, ein freies Fleckchen Boden ohne jeglichen Bewuchs ... Kurz gesagt, ruhig mal etwas Chaos aushalten. Vielfältigste Nistmöglichkeiten, ergänzend zum Nahrungsangebot, schaffen erst einen Lebensraum!

BIENEN-STAUDEN

- Bärlauch (*Allium ursinum*): halbschattig, nährstoffreiche, humose, leicht feuchte Böden, auch für den Balkon
- Ringelblume (*Calendula officinalis*): sonnig, humusreiche, sandige bis lehmige und mäßig feuchte Böden, einjährig, aber durch Selbstaussaat dauerhaft
- Berg-Flockenblume (*Centaurea montana*): halbschattig, nährstoffreiche, sandige bis lehmige Böden, auch für den Balkon
- Katzenminze (*Nepeta × faassenii*): sonnig, kiesige bis lehmige, mäßig nährstoffreiche Böden
- Wald-Sauerklee (*Oxalis acetosella*): schattig, humusreiche und leicht saure Böden, auch für den Balkon
- Kriechender Hahnenfuß (*Ranunculus repens*): schattig, feuchte, nährstoff- und stickstoffreiche Lehm- oder Tonböden

BIENEN-GEHÖLZE

- Eschen-Ahorn (*Acer negundo*): sonnig bis halbschattig, sandige bis tonige, mäßig nährstoffreiche Böden
- Kornelkirsche (*Cornus mas*): sonnig bis halbschattig, sandige bis lehmige humose Böden
- Blumen-Esche (*Fraxinus ornus*): sonnig, steinige bis sandige, mäßig nährstoffreiche Böden
- Liguster (*Ligustrum vulgare*): sonnig bis schattig, kiesige bis tonige, mäßig nährstoffreiche Böden (auch als Heckenpflanze)
- Blut-Johannisbeere (*Ribes sanguineum*): halbschattig, sandige bis lehmige nährstoffreiche Böden
- Himbeere (*Rubus idaeus*): sonnig, lockere tiefgründige humusreiche Böden (keine Staunässe)
- Sal-Weide (*Salix caprea*): sonnig bis halbschattig, sandige bis lehmige nährstoffreiche Böden

Rosmarin, Sand-Thymian, Salbei – oder wie hier der Basilikum – blühen, duften und ziehen Bienen magisch an.

GELÄNDER UND ZÄUNE

In vielen Gärten sind bereits gute Voraussetzungen für mehr Grün und Blüten schon vorhanden. Und zwar eher unbewusst. Geländer und Balustraden, Stützen, Zäune und andere vertikale bauliche Elemente wurden zwar ursprünglich aus der Motivation heraus zu schützen und abzugrenzen errichtet, aber ihnen kann man auch wunderbar ein pflanzliches Kleid überstreifen.

SCHLUSS MIT NACKTEM GESTÄNGE

Wer durch seinen Garten geht, stellt möglicherweise fest, dass es viele nackte Strukturen gibt, die als Spalier zweckentfremdet werden können. Sie erfüllen in erster Linie eine baulich wichtige Aufgabe – Balkon- und Treppengeländer zum Beispiel – aber sie strahlen eben auch diese technische Leidenschaftslosigkeit aus. Gerade Materialien wie Edelstahl haben eine kühle Anmutung. Eisengestänge mit rostiger Patina oder grau-verwitterte Holzpfosten, die das Dach vom Carport tragen, sind wärmer wirkende Materialien, die durch Pflanzen an ihrer Seite noch aufgewertet werden können. Willkommen in der dritten Dimension!

Die Begrünung von Spalieren ist gewissermaßen die kleine Schwester der Fassadenbegrünung (ab Seite 53). Auch sie bietet je nach gewählter Pflanzenart viel Grün und Blüten auf wenig Grundfläche. Weitere Pluspunkte: Sie kann je nach Ausprägung für Windschutz, Sichtschutz oder Schatten sorgen und allerhand Unschönes verbergen.

DUFTENDE NACHTVIOLEN UND WEINREBEN UMSCHMEICHELN ZAUN UND TREPPENGELÄNDER.

Vom Geländer bis zum Zaun

Geh doch einfach mal durch deinen Garten und schau, welchem Gestänge du ein bisschen Grün und Blüten zur Seite stellen kannst. Du wirst staunen, wie viele Strukturen – unter dem richtigen Blickwinkel betrachtet – eigentlich prima Kletterhilfen sind: Geländer von Terrassen, Balkonen und Treppen, aber auch das vergitterte Kellerfenster, die alte Wäscheleinen-Halterung oder der ach so praktische, aber sterbenslangweilige Maschendrahtzaun. Sie alle können Kletterpflanzen Halt geben: entweder bereits so, wie sie sind, oder mit ein paar Handgriffen und Materialien zur Kletterhilfe optimiert.

Außer mit Kletterpflanzen kann man die Grundstücksgrenze auch mit Sträuchern ergrünen, allen voran natürlich mit Heckenpflanzen. Eine gemischte, freiwachsende Hecke ist aus ökologischen Gründen einer Schnitthecke aus einer einzigen Art vorzuziehen. Auch einzelne Sträucher, ohne dass man von einer Hecke sprechen kann, lockern die Monotonie der Zaunfelder auf – und jede Pflanze zählt!

Grundsätzlich muss man bei Gehölzpflanzungen einen bestimmten Grenzabstand zum Nachbargrundstück einhalten. Der ist in den Bundesländern verschieden festgelegt. Als Richtwert kann man bei kleinen Sträuchern (bis 2 m Höhe) mit einem Pflanzabstand von 0,50 m rechnen, bei Sträuchern über 2 m Höhe mit 1 m Abstand zur Nachbargrenze. Die genauen Vorgaben können im Bürgeramt oder in der Gemeindesatzung in Erfahrung gebracht werden.

Übrigens kann das Begrünen von nackten Gestängen von zwei Richtungen her erfolgen: von unten mit Kletterpflanzen oder von oben mit eingehängten Hängetöpfen und Ampelpflanzen. So lange Kletterpflanzen noch klein sind, bietet sich auch die Kombination aus beidem an – für einen schnelleren Vorher-Nachher-Effekt.

Bei der Begrünung und „Beblühung“ kannst du stets wählen zwischen temporären Bloß-mal-ausprobieren-Ideen, zum Beispiel mit Einjährigen in Töpfen (Seite 24), und auffälligeren, ja gestalterisch prägenden Lösungen mit dauerhaften Pflanzungen.

Kletterkünstler: viel Grün bei geringem Flächenverbrauch.

Sonderfall: Treppe

Beim Begrünen von Treppengeländern gibt es eine Einschränkung: Der Handlauf muss ohne Stolpergefahr gut zugänglich bleiben, um sicher die Treppe hinauf oder herunter gehen zu können. Wachsen die Pflanzen in Töpfen oder Kästen dürfen diese bei einer Treppe mit einseitigem Handlauf nicht auf der Seite des Handlaufs stehen, eigentlich logisch. Und sie dürfen nur dann – auf der anderen Seite der Treppe – auf den Stufen platziert werden, wenn großzügig Raum zum Laufen bleibt, und zwar auch mal mit zwei großen Taschen links und rechts in der Hand. Eine andere Möglichkeit ist, Pflanzkästen außerhalb des Treppenlaufs am Geländer zu befestigen oder sie neben die Treppenwange auf den Boden zu stellen. Möglicherweise können die Gewächse sowieso neben der Treppe direkt in den Boden gepflanzt werden? Dann könnten sie sich dennoch ins Geländer schlingen, ihre Wasserversorgung wäre aber sehr viel leichter sichergestellt als in einem Pflanzgefäß.

Oft vernachlässigt: das Fallrohr

Ein weiterer Kandidat zum Begrünen ist das Regenfallrohr. Sein Durchmesser ist zum direkten Schlingen viel zu groß. Aber wo ein Wille ist, da ist ein Weg: Vielleicht hast du die Möglichkeit, ein halbrund gebogenes Metallgitter, das es extra zur Verkleidung eines Fallrohrs zu kaufen gibt, anzubringen. Auch auf dem Balkon bietet das Fallrohr kreative Optionen, da die Rohre häufig senkrecht vom einen Balkon zum nächsten führen.

Wer zum Beispiel zur Miete wohnt und nichts an der Fassade anbringen darf oder aus anderen Gründen nichts anbringen möchte, hat mehrere andere kreative Optionen zur Auswahl (mehr dazu im nächsten Abschnitt).

Die Dreilappige Jungfernrebe (*Parthenocissus tricuspidata*) erobert das Geländer kletternd von unten, aber auch von oben durch herabhängende Triebe, die fast wie ein Vorhang anmuten.

Die Amerikanische Trompetenwinde (*Campsis radicans*) findet am Doppelstabmatten-Zaun optimalen Halt.

Passt nicht? Wird passend gemacht!

Schlingen oder ranken – die Kletterstrategie der Pflanze entscheidet über die Art der Kletterhilfe (Seite 58). Grundsätzlich kann man sagen, dass Schlinger eher zum Einkleiden senkrechter Stäbe geeignet sind, Ranker zum Festhalten dagegen auf mehrere waagerechte Strukturen übereinander angewiesen sind. Entweder du hast Elemente in deinem Garten, die zufällig von Hause aus das Passende mitbringen, oder du hilfst etwas nach.

Sind eher waagerechte Strukturen erwünscht, könnte man an ein bisher senkrecht orientiertes Geländer ein grobmaschiges Edelstahlgitter montieren. Wer keine baulichen Veränderungen vornehmen will oder darf (zum Beispiel weil er Mieter ist), kann improvisieren. Du kannst die meisten Geländer mit gespannten Seilen für Ranker passend machen. Zum Beispiel sind einige schwarze Nylonseile, die es als Zubehör für den Segelsport gibt, schnell waagerecht in die Stäbe eines Geländers eingeflochten und für einjährige bzw. zarte mehrjährige Ranker gut geeignet. Diese Seile sind optisch kaum wahrnehmbar, scheuern nicht am Lack oder an der Verzinkung des Geländers und sind in der Regel UV-beständig. Es ist natürlich auch möglich, statt des Nylonseils einen dickeren Draht zu nehmen. Das Seil musst du schon sicher befestigen, den Draht jedoch umso fester fixieren: Denn ist der Draht recht locker angebracht, könnte er am Metall scheuern, wenn Wind heftig an der Pflanze zerrt. Das könnte zum Kratzen an der Oberfläche und im schlimmsten Fall zu Roststellen führen (wenn die Schutzschicht abgerieben wurde), macht unter Umständen aber auch störende Scheuergeräusche. Bei mehrjährigen, kräftigeren Pflanzen solltest du besser zu Edelstahlseilen greifen. Sie halten länger und können mit einer Spannschraube straff gespannt werden.

Schlingende Gewächse brauchen senkrechte Strukturen, die sich bei unpassender Ausgangslage ebenfalls über ein nachträglich angebrachtes Gitter mit weitem Maschenabstand realisieren lassen. Eine etwas hemdsärmelige, rustikal ausschauende Lösung ist eine Kletterhilfe in Form eines schön verzweigten Asts. Befestige den Ast mit einem kräftigen, aber noch biegbaren Draht am Zaun, Geländer oder am Regenfallrohr. Ein Hinweis für Balkon- und Treppengärtner: Aus Sicherheitsgründen sollte der Ast mit dem unteren Ende auf dem Boden stehen und nicht frei in luftiger Höhe hängen.

FEATURE

LEBENDIGE GELÄNDER – WEITERE IDEEN

Nicht alle Begrünungen müssen unbedingt mit dem Geländer verwoben sein. Auch unabhängig davon lassen sich diese Strukturen begrünen, du bleibst aber flexibel und musst vor allem keine Anpassungen an der baulichen Substanz vornehmen. Egal, ob du es „Etagen-Hochbeet" oder „Pflanzkasten-Turm" nennst, und auch egal, ob gekauft oder aus einer Europalette selbst gezimmert, so eine Konstruktion bringt Grün und Blüten in die Höhe, ohne mit der Wand verbunden zu sein.

Denke nicht nur in der Kategorie „Kletterpflanze", auch locker wachsende Sträucher können ein Geländer aufwerten. Du kannst zum Beispiel die Hortensie (*Hydrangea arborescens*, Foto), die Rote Heckenkirsche (*Lonicera xylosteum*, wird 1–2 m hoch) oder Liguster (*Ligustrum vulgare*, 2–5 m) seitlich neben die Treppe oder vor die Terrasse pflanzen und schon schmiegen sich die Äste vor das nackte Gestänge. Aber Achtung: Das Gewächs sollte unbedingt schnittverträglich sein, damit du zugunsten der Sicherheit immer wieder die Fasson wahren kannst.

Wenn die Begrünungsmöglichkeiten von unten her mau sind, dann kommt das Grün eben von oben! Üppige Hanging Baskets wie in England, die gute alte Ampelpflanze oder ein kleiner Blechtopf mit Henkel ... es gibt unzählige Gefäßvarianten, die man ganz einfach in Geländer und Gitter einhängen kann. Aber je größer das Erdvolumen und je üppiger die Bepflanzung, desto schwerer wird das Ganze – das Gießwasser bringt zusätzliches Gewicht. Wer jetzt sagt: „Dann lieber doch nicht", kann sich vom nächsten Trödelmarkt einen nostalgischen Seiher oder eine alte Suppenkelle mitbringen und diese mindestens mit einem Hornveilchen, Thymian für die Küche oder ein paar *Sedum*-Rosetten bestücken und aufhängen.

Ein Ökosystem profitiert von Artenvielfalt.

MIT TÖPFEN UND KÄSTEN

Für Kletterpflanzen, egal ob ein- oder mehrjährig, ist das Wachsen aus dem Boden am besten. Hier können sie sich unterirdisch so weit und tief ausbreiten, wie es ihrer Natur entspricht – für eine bestmögliche Versorgung mit Wasser und Nährstoffen. Aber nicht überall, wo man das Bedürfnis hat, harte Strukturen mit Pflanzen weichzuzeichnen, kann man auch einen Garten im klassischen Sinn anlegen: auf Terrassen, Einfahrten, Balkonen oder generell im städtischen Raum.

Dann schlägt die Stunde von Töpfen, Kübeln, Balkonkästen und auch improvisierten Gefäßen! Mit ihrer Hilfe lassen sich bemerkenswerte grüne und bunte Oasen schaffen. Wer hier von „Gartenersatz“ spricht, tut diesen Kleinoden der Gestaltungsfreude unrecht – denken wir nur an charmante mediterrane Innenhöfe, wo gefühlt auf jeder Treppenstufe ein ausrangierter Olivenölkanister steht, aus dem fröhliche Blüten und aromatische Kräuter sprießen.

Geschützt im alten Schutzhelm: Entwässerungslöcher hineinbohren, Filtervlies einlegen, damit die Erde nicht herausgespült wird, und bepflanzen.

Und die hübschen Gefäße setzen ein zusätzliches Highlight, mitunter sogar rund ums Jahr. Bei der Optik kommt es vor allem auf eine geschickte Kombination aus Pflanze plus Topf an – auch im Zusammenspiel der Gefäße. Bei der Frage der Pflegeleichtigkeit spielt die Größe der einzelnen Töpfe eine wichtige Rolle. Je größer der Topf, desto größer das Erdvolumen und umso höher die Wasserspeicherfähigkeit.

Superschnell: Bunte Einjährige

Wer Grünes und Blühendes für die dritte Dimension am Haus und auf dem Balkon nur einmal ausprobieren will, kann auf einjährige Kletterpflanzen im Topf zurückgreifen. Im einen Jahr kann die leuchtend orangefarbene Schwarzäugige Susanne das Balkongeländer einkleiden, im anderen Jahr leuchtet die violette Prunkwinde. So kannst du mit schnell wachsenden Einjährigen testen, ob zum Beispiel mit Pflanzen ausreichend Sichtschutz zu erreichen wäre – und ob es dir

Auch Stangen-Bohnen stehen einem nackten Balkongeländer gut und liefern zudem noch leckeres Gemüse.

überhaupt gefällt oder du dir vielleicht doch allzu abgeschottet vorkommst. Vorschläge für schnell wachsende einjährige Kletterpflanzen findest du ab Seite 28. Manchmal ergibt sich aus solch einem Sommerblumen-Experiment der Wunsch nach einer dauerhafteren Lösung: zum Beispiel, indem man durch eine teilweise Verlängerung des Balkongeländers nach oben eine größere Kletterhilfe schafft und so, zusammen mit einer winterharten Bepflanzung, einen wirksamen Sichtschutz erreicht.

Alle Lichtverhältnisse

Einjährige Kletterpflanzen mögen in der Regel volle Sonne. Die allseits beliebten Südbalkone sind genau das Richtige, um eine volle Blütenpracht zu entwickeln. Aber nicht alle Pflanzen sind Sonnenanbeter! Die Duft-Wicke (*Lathyrus odoratus*) zum Beispiel mag keine Mittagssonne. Sie bevorzugt einen Standort auf der Ost- oder Westseite des Hauses. Da fühlt sich ebenso die Schwarzäugige Susanne (*Thunbergia alata*) etwas wohler. Auch die allermeisten anderen sonnenliebenden Einjährigen können im Halbschatten wachsen, werden dann jedoch weniger Blüten bilden.

Und nicht so sonnenverwöhnte Standorte? Die Glockenrebe (*Cobaea scandens*) kann sogar ganz im Schatten ranken. Wenn sie eine raue Oberfläche vorfindet, zum Beispiel eine Wand mit Rauputz, verlässt sie mitunter das Rankgitter und wird zum Selbstklimmer (mehr zu den Kletterstrategien ab Seite 58). Manch einer freut sich über dieses pflanzliche Engagement, ein anderer möchte vielleicht, dass sie am Balkongeländer bleibt, und greift daher zu etwas Schnur, um die schnell wachsende Pflanze in die richtige Richtung zu leiten, und notfalls auch zur Schere.

Keine nassen Füße

Für die allermeisten Kletterpflanzen gilt: Bitte keine Staunässe! Daher sind Entwässerungslöcher in den Töpfen, Kästen und Trögen unbedingt erforderlich – auch bei selbst gemachten Upcycling-Töpfen aus Konservendosen, Olivenölkanistern und Kochtöpfen. Bei Trögen und anderen höheren Pflanzgefäßen ist eine Dränageschicht aus beispielsweise Blähton, Blähschiefer oder Rollkies sehr sinnvoll; eine Lage Filtervlies darüber schützt das Material gegen das Einschlämmen der Erde. Keine gute Idee ist, Untersetzer oder Übertöpfe zu verwenden, es würde wieder Staunässe entstehen. Das Gegenteil ist besser: Stelle die Töpfe auf kleine Klötzchen oder Steine; im Gartenmarkt gibt es auch Löwenfüße aus Ton. So stehen die Gefäße erhöht und das überschüssige Wasser kann gut ablaufen.

Und was ist mit Mehrjährigen?

Mehrjährige Kletterer im Kübel sind zwar möglich, bereiten aber einigen Aufwand und sind wahrscheinlich nichts für die Ewigkeit. Einige Jahre dürften Rotes Geißblatt (*Lonicera × brownii*), Feuer-Geißblatt (*Lonicera × heckrottii*) und Strahlengriffel, besser bekannt als Zier-Kiwi (*Actinidia kolomikta*), im großen Kübel durchhalten.
Eine stattliche Topfbewohnerin ist die Kletter-Hortensie (*Hydrangea anomala* subsp. *petiolaris*); sie braucht schon Gefäße mit mindestens 20, besser 40 l Volumen – das entspricht etwa der Größe von vier Wassereimern. Früher oder später – bei den Ausmaßen einer Kletter-Hortensie eher früher – sind die Nährstoffvorräte jedes Substrats erschöpft und es muss regelmäßig nachgedüngt werden. Nichtsdestotrotz verliert das Substrat irgendwann an Struktur und kann nicht mehr sonderlich aufgewertet werden. Da die Pflanzen aber am Geländer fixiert sind, kann man sie nicht mal eben umtopfen. Dann steht die Entscheidung an, sie herunterzuschneiden, umzutopfen und die Begrünung von vorne zu starten.
Mehrjährige Gewächse müssen auf jeden Fall frostharte Kübel und Kästen haben. Sicherheitshalber solltest du im Winter nur sehr maßvoll gießen, weil die Erde in den Töpfen durchfrieren und auch schon mal Gefäße sprengen kann. Außerdem können die Wurzeln das zu Eis gefrorene Wasser nicht aufnehmen, und die Pflanzen vertrocknen unter Umständen. Dies ist auch der Grund, warum ein Winterschutz selbst bei frostverträglichen mehrjährigen Gewächsen zu empfehlen ist. Als Winterschutz kannst du zum Beispiel Kartoffel- oder Kaffeesäcke, die vielleicht noch mit Laub gefüllt sind, um die Gefäße drapieren oder – wenn das Gewicht der Kübel das Anheben erlaubt – sie jeweils in solch einen Sack hineinstellen und den Raum zwischen Topfwand und Sack mit Laub auffüllen. Die zwischen den Blättern eingeschlossene Luft ist ein guter Temperaturpuffer. Nichtsdestotrotz müssen die Pflanzen, insbesondere Immergrüne, über Winter gegossen werden.

Es müssen nicht immer Kletterpflanzen sein. Mit hängenden Töpfen lässt sich jedes Geländer aufwerten. Der Handlauf ist gut erreichbar, wenn die Töpfe außen hängen.

DIE BESTEN TURBO-BEGRÜNER FÜR DEN KÜBEL

SCHWARZÄUGIGE SUSANNE

Thunbergia alata

Eine schnell wachsende, sehr beliebte einjährige Kletterpflanze mit dekorativer Blüte in Gelborange mit braunschwarzer trichterförmiger Mitte, die an ein Auge erinnert. Es gibt auch Sorten mit weißer, oranger und reingelber Blüte. Die einzelnen Blüten halten etwa fünf Tage. Im Topf wird die Pflanze meist nur 2 m hoch, ausgepflanzt bis zu 4 m.

Blütezeit → Mai bis Oktober

Wuchshöhe → 200–400 cm

Standort → am besten im Halbschatten und windgeschützt, durchlässige nährstoffreiche Blumenerde

Besonderheiten zur Kletterhilfe → Schlinger mit gegen den Uhrzeigersinn gerichteten Trieben, es eignen sich senkrechte Edelstahlseile oder -gitter, Holzstäbe oder auch ein verzweigter Ast.

HIMMELBLAUE PRUNKWINDE

Ipomoea tricolor

Die 7–10 cm großen violettblauen Blüten sind eine Augenweide. Das dichte Blattwerk bietet einen hervorragenden Sichtschutz – als einjähriger Schlinger allerdings nur im Sommer. Im Topf steht die Pflanze am besten allein, weil sie Pflanzpartner in Kürze zuwuchern würde.

Blütezeit → Juli bis Oktober

Wuchshöhe → bis 400 cm

Standort → volle Sonne, warmer windgeschützter Standort, nährstoffreicher und feuchter Gartenboden

Besonderheiten zur Kletterhilfe → Schlinger, es eignen sich senkrechte Edelstahlseile oder Holzstäbe. Die Pflanze wächst erst steil nach oben und breitet sich dann zu den Seiten aus. Ein fächerförmiges Gitter unterstützt dieses Wuchsverhalten.

KAPUZINERKRESSE

Tropaeolum-Hybriden

Diese einjährige Kletterpflanze ist ein unkomplizierter, aber sehr dekorativer Ranker. An sonnigen Standorten stellt sich eine große Blütenfülle in warmen Orange- bis Rottönen ein. Ist der Standort schattiger und feuchter, bilden sich vermehrt Blätter und weniger Blüten.

Blütezeit → Juni bis November

Wuchshöhe → 100–300 cm

Standort → keine besonderen Ansprüche, aber für Blütenpracht viel Sonne, eher magerer, stickstoffarmer und durchlässiger Gartenboden, am besten mit Sand gemischt zur besseren Durchlässigkeit

Besonderheiten zur Kletterhilfe → Am besten waagerechte Seile oder Stäbe; soll ein Rankgitter verwendet werden, sollte es Rechtecke (und keine Rauten) mit langen Senkrechten und kurzen Waagerechten aufweisen.

SCHÖNRANKE

Eccremocarpus scaber

Die auffallenden Blüten sind röhrenförmig und präsentieren sich in Farben von Gelbrosa, Orange bis hin zu rötlichen Tönen. Ein schnell wachsender einjähriger Ranker, bei dem das Blattwerk sehr schnell dicht wird und Sichtschutz bieten kann.

Blütezeit → Juli bis zum Frost

Wuchshöhe → 200–300 cm

Standort → sonnig, durchlässiger Gartenboden, am besten Sand untermischen, um die Durchlässigkeit zu erhöhen

Besonderheiten zur Kletterhilfe → Auf jeden Fall waagerechte Seile oder Stäbe; soll ein Rankgitter verwendet werden, sollte es Rechtecke (und keine Rauten) mit langen Senkrechten und kurzen Waagerechten aufweisen.

#machsnachhaltig

UPCYCLING: HÄNGETÖPFE FÜR SPONTANE BEGRÜNUNGEN

Es gibt im Handel allerlei Hängetöpfe: Metalleimerchen mit Bügel zum Aufhängen, Metallkörbe, die mit dickem Vlies ausgeschlagen zu Hanging Baskets werden, und Halterungen, in die ganz normale Balkonkästen sicher eingepasst werden können.

Individualisten suchen sich jedoch ganz besondere Gefäße, die sonst niemand hat: bepflanzte Konservendosen, Turnschuhe, die mit den Schnürsenkeln angebunden werden, Sammeltassen, die mit Fleischerhaken am Henkel angehangen werden, Schöpflöffel und Suppenkellen oder Teedosen im Makramee-Netz – es gibt unzählige Ideen. Allen gemeinsam ist: Das Entwässerungsloch ist wichtig! Denn Staunässe mögen die Topfbewohner nicht.

In die meisten Gefäße musst du noch Löcher hineinbohren, bevor sie zum Blumentopf werden können. Bei dünneren Materialien, wie Teedosen aus Blech oder auch Schuhen, ist das meist problemlos mit einem Akkubohrer möglich. Wenn dir der Boden doch recht stabil aussieht, zum Beispiel bei Tee- oder Keksdosen, kannst du auch ganz unten am Rand in die Seitenwand bohren. In diesem Fall ist die Blähtonschicht besonders wichtig, aber auch bei Entwässerungslöchern im Boden ist sie überaus ratsam.

Noch ein Tipp: Wer nostalgische Seiher und Siebe bepflanzen will, kann sie mit mehreren Lagen Küchenkrepp oder Zeitungspapier ausschlagen, damit die Erde nicht herausrieselt. Bis die Papierlagen verrottet sind, haben sich die Wurzeln der Pflanzen ausgebreitet und bilden einen kompakten Wurzelballen, der das Substrat festhält. Für den Außenraum, wo Wasser herauströpfeln darf, genügt das.

ZAHLEN & FAKTEN

Je kleiner der Topf, desto wichtiger die Entwässerungslöcher. Bei Minigefäßen muss man in der Regel Pflanzen wählen, die in der Natur ebenfalls mit kleinsten Wurzelräumen zurechtkommen. Ihr Zuhause sind häufig Felsspalten, sprich sehr trockene Standorte.

Vom Emaille-Seiher, der die Entwässerungslöcher schon in Hülle und Fülle mitbringt, bis zur recycelten Weichspülerflasche, der der Boden weggeschnitten wurde – das Improvisieren macht Topfgärtnern besonders großen Spaß.

LEBENDE ZÄUNE

Zäune mit Kletterpflanzen begrünen – das geht so gut wie immer. Manche Modelle sind bereits wie gemacht für einen Job als Rankgerüst: Der gute alte Jägerzaun mit seiner rautenförmigen Machart bietet unkomplizierten staudigen Rankern wie Duft-Wicken (*Lathyrus odoratus*) oder Stauden-Wicken (*L. latifolius*) Halt. Auch Kletterrosen eignen sich: zum Beispiel die Sorten 'Santana' in Glutrot, 'Laguna' in kräftigem Pink, 'Louise Odier' mit nostalgischen rosa Blüten. Und die Doppelstabmatten, die viele als kostengünstige Grundstückseinfriedung montiert haben, bieten stabile Gitter aus vielen Senkrechten (worüber sich Schlinger besonders freuen) und einigen Waagerechten (gut für Ranker).

Eine Besonderheit aber sind Zäune, die in der Lage sind, selber Grün zu bilden: lebende Zäune eben. Dabei handelt es sich grob gesagt um Ruten von austriebsfreudigen Gehölzen – fast immer von Weiden –, die in regelmäßigem Abstand in den Boden gesteckt werden. Als Ruten bezeichnet man gerade ein- oder zweijährige Triebe ohne Seitenzweige. Schon die Reihung der Ruten ergibt eine zaunähnliche Struktur. Wenn sie dann ausschlagen, wachsen und Seitentriebe bilden, wird der Zaun immer dichter.

Der Übergang zur Hecke könnte fließend sein, in der Regel schneidet man lebende Zäune aber so, dass die Ruten, die langsam zu Stämmen werden, sichtbar bleiben, und nur der obere Bereich des Zauns grün wird. Und man zieht lebende Zäune in der Regel schmaler als normale Hecken.

ZAHLEN & FAKTEN

Kommunen machen Vorgaben hinsichtlich der Grenzabstände von Gehölzen zum Nachbarn, manche haben auch eine Einfriedungssatzung, die die maximale Höhe von Zäunen festlegt. Ein lebender Flechtzaun ist gewissermaßen ein Zwitter. Soll er an der Grundstücksgrenze stehen, sollte man sich über die Maßgaben vorab bei den Ämtern erkundigen.

Senkrecht und waagerecht

Die einfachste Variante ist, austriebsfähige Ruten senkrecht nebeneinander zu stecken und waagerechte Ruten nach dem bekannten Prinzip „eins davor, eins dahinter" einzuflechten. Der Abstand der Senkrechten sollte mindestens 25 cm betragen, damit man die stabilisierenden Waa-

gerechten gut einflechten kann. Drei waagerecht eingeflochtene Riegel, jeweils aus mehreren Ruten übereinander, sollten es wegen der Stabilität schon sein. Ansonsten geht, was gefällt: Je mehr Waagerechte eingeflochten werden, desto dichter und kompakter wirkt der Zaun bis hin zum sofortigen Sichtschutz; der baldige Austrieb des Laubs tut sein Übriges. Als Faustregel sagt man, dass solch ein senkrechter Flechtzaun wegen der Windlast maximal 1,80 cm hoch sein sollte – der limitierende Faktor ist jedoch in den meisten Fällen die Länge der vorhandenen Weidenruten.

Wer sich an einen echten lebenden Zaun nicht herantraut, kann es zunächst auch mit einem toten Flechtzaun versuchen. Hier werden entweder nicht sehr austriebsfreudige Gehölze mit flexiblen Ruten für die Senkrechten genommen, wie Hartriegel (*Cornus*) oder Haselnuss (*Corylus*), oder auch Weidenruten, die man am Austreiben hindert (mehr dazu im Kasten). Armierungsstäbe aus dem Baumarkt funktionieren ebenso gut; sie sind unkaputtbar und haben sie erst einmal Rost angesetzt, fallen sie inmitten der graubraunen Ruten gar nicht mehr auf. In diese Senkrechten flechtet man dann biegsame Ruten waagerecht ein und erhält die typische Flechtstruktur – aber ohne die Aufgabe, jährlich das üppige Grün zurückzuschneiden.

ZAHLEN & FAKTEN

Wenn Weidenruten ausschlagen sollen, steckt man sie möglichst frisch geschnitten und unversehrt in den Boden. Möchte man einen toten Flechtzaun bauen, sollten die Rinde und die Augen in dem Bereich, der in den Boden kommt, von den Ruten geschält werden.

Schräg mit Rautenmuster

Aufwendiger ist die Variante, bei der Ruten in zwei Richtungen schräg in den Boden gesteckt werden, sodass sie sich überkreuzen. Hier ist die Optik luftiger. Durch das Schrägstellen der Ruten wird der Zaun bei gleicher Rutenlänge niedriger sein als ein senkrechter Flechtzaun; du kannst von einer maximalen Höhe von 1,60 m ausgehen. Über die Jahre wachsen die Kreuzungspunkte nicht selten ineinander und ergeben auf diese Weise ziemlich stabile Gebilde. Fortgeschrittene helfen an den Kreuzungspunkten durch Verschnüren oder Einschrauben einer Edelstahlschraube dem Zusammenwachsen auf die Sprünge. Das ist aber tatsächlich eher etwas für erfahrene Heckengärtner, denn wenn durch das Prozedere eine Pflanze abstirbt, gerät das perfekte Rautenmuster durcheinander. Um dem vorzubeugen, werden statt einer Rute häufig zwei bis drei Ruten an eine Stelle gesteckt, damit man beim Ausfall einer Rute noch Ersatz in petto hat. Nachpflanzen gelingt durch das Verflechten meist nicht mehr.

Hier sieht man schön, wie der Rauten-Zaun austreibt. Wer mehr vom kunstvollen Geflecht sehen will, schneidet die Triebe im unteren Bereich etwa im März (vor dem Laubaustrieb) ab.

Wer einen lebenden Zaun gemeistert hat, kann sich auch an einen Weidentunnel wagen.

Damit die Kunstwerke optimal zur Geltung kommen, werden die Stämmchen häufig regelmäßig freigeschnitten und nur das Grün am oberen Zaunrand belassen – eine ganz schöne Arbeit, über die man sich im Vorhinein im Klaren sein muss.

Keine neue Erfindung

Lebende Zäune tauchen regelmäßig in Blogs und Zeitschriften auf – die Faszination ist ungebrochen. Aber es ist keine Modeerscheinung! Früher war dies eine Möglichkeit, Gärten, Felder und Weiden kostengünstig, aus selbst geschlagenem Material zu umfrieden. Wurden die frischen Seitentriebe nicht abgeschnitten, sondern in den Zaun zurückgeflochten, bzw. sind die Stämme über die Jahre dort zusammengewachsen, wo sie sich verkreuzt haben, entstanden fürs Vieh erstaunlich undurchdringliche Zäune. Igel und Co. konnten aber weiterhin passieren.

Vielseitige Weide

Das Grundprinzip eines lebenden Zauns kennt jeder Hobbygärtner aus dem Effeff: Mehr oder weniger alle Laubgehölze bilden Wurzeln, wenn sie in den Boden gesteckt und gegossen werden – die klassische Stecklingsvermehrung. Im Falle des Zauns dürfen die „Stecklinge" aber nicht nur 30 cm lang sein, sondern sie müssen sehr viel länger sein. Insofern kommen für lebende Zäune nur Weiden infrage.

Der Klassiker ist die recht schnell wachsende Korb-Weide (*Salix viminalis*). Ihre Ruten weisen nur wenige Seitenzweige auf – perfekt fürs Flechten. Auch weitere Weidenarten sind geeignet: Die Purpur-Weide (*S. purpurea*) wächst noch besser an als die Korb-Weide und verträgt auch mehr Trockenheit, aber sie wächst langsamer und verästelt sich früher.

Dass die Pflanzen an bis zu 2 m langen Ruten Wurzeln bilden und austreiben können, ist eine ganz schöne Leistung. Voraussetzungen sind nur wenige Tage alte Ruten (je frischer, desto weniger Ausfall), eine optimale Vorbereitung des Bodens, ein sonniger Standort und in der Anwachsphase Wasser, Wasser, Wasser.

Die Korb-Weide ist kein seltenes Gehölz und daher relativ gut zu bekommen, auch nicht sehr teuer. Schwierig kann es bei der benötigten Menge an Ruten werden. Hier heißt es, sich mit zeitlichem Vorlauf zu kümmern, denn die Ruten sollten möglichst am Tag der Lieferung, spätestens am nächsten Tag in den Boden kommen. Müssen sie gelagert werden, sollten sie auf jeden Fall im Schatten liegen, im Idealfall abgedeckt mit nassen Säcken oder Decken. Bei Sonne und Wind trocknen die Ruten schnell aus.

Die Ruten bekommt man in der Regel zwischen Oktober und Mai von Spezialfirmen, die Weiden in Plantagen anbauen und hauptsächlich als ingenieurbiologische Materialien zur Ufer- oder

Hangbefestigung liefern. Sie beraten einen auch, wie viele Ruten welcher Stärke man für den anvisierten Zauntyp (oder für den Kriechtunnel oder das Tipi) braucht. Manche Firmen bieten auch Komplettpakete an, in denen alle Materialien für ein bestimmtes Weidenflechtprojekt passgenau enthalten sind – das ist dann nicht ganz günstig, aber komfortabel. Wenn eine Umweltorganisation in der Nähe ist oder die Kommune alte Kopfweiden pflegt – traditionell Ende Februar –, dann suchen sie vielleicht einen Abnehmer des Schnittgutes. Das ist eine Gelegenheit, sehr preiswert an Material zu kommen.

Übrigens: Wer keinen ganzen Zaun flechten mag oder nicht genügend Ruten beisammen hat, kann mit einem Sichtschutz nach demselben Prinzip anfangen – ein schönes Einsteiger-Projekt.

Zäune zum Leben erwecken

Wo man für die Errichtung von Metall-, Maschendraht- oder Holzzäunen handwerkliches Geschick und Kraft braucht, lässt sich ein Flechtzaun – zumindest die schlichte gerade Variante – auch gut von Anfängern bewerkstelligen. Das Flechten – „eins drüber, eins drunter" – kennt man schließlich schon aus der Schule. Rauten-Zäune sind etwas schwieriger (eher bezüglich des räumlichen Vorstellungsvermögens und nicht, was Kraft und technisches Know-how angeht), aber dennoch gut machbar.

Für beide Varianten benötigt man auf den laufenden Meter etwa gleich viele Ruten als Senkrechte (etwa fünf Stück bei 25 cm Abstand). Manchmal wird bei Rauten-Flechtzäunen aber jede Senkrechte auch doppelt oder gar dreifach besetzt: Das ergibt eine besondere Optik, ist aber auch vorteilig, falls eine Rute nicht anwächst. Dann wahren die anderen die Gleichmäßigkeit des Erscheinungsbilds. Diese Edel-Variante schlägt dann allerdings mit einem sehr viel höheren Materialbedarf zu Buche.

Egal, ob senkrechter Flechtzaun oder Rauten-Zaun: Wichtig ist ein sehr sonniger Standort. Optimale Bauzeit ist von etwa Oktober bis höchstens Mai. Denn erst nach dem Laubabwurf im Herbst, aber vor dem Laubaustrieb im Frühjahr können lebende Weidenzäune hergestellt werden – Ausnahme natürlich: wenn der Boden gefroren ist. Wenn du die Weidenruten im Herbst in den Boden steckst, hat das den Vorteil, dass bis zum Start der Vegetationsperiode durch Regen oder Schneeschmelze Feuchtigkeit in den Boden gelangt und die Ruten mit Petrus Hilfe gut eingeschlämmt werden. Dennoch ist das Angießen in den ersten Tagen nach der Neuanlage äußerst wichtig.

Wie du einen Rauten-Flechtzaun Schritt für Schritt baust, erfährst du auf der nächsten Seite.

EIN ZAUN OHNE MÜLL

Wenn der Flechtzaun irgendwann verwittert, kann man ihn in einer Gartenecke zerfallen lassen; er dient zahlreichen Organismen als Nahrung. Oder man schreddert und verteilt ihn unter Hecken, wo er langsam zu Humus wird. Wenn die Ruten auch noch aus dem eigenen Garten stammten, schließt sich der Kreis.

Ein kürzerer toter Flechtzaun ergibt ein Sichtschutzelement. Und es muss auch nicht tot bleiben, es kann mit Kletterpflanzen begrünt werden.

#machsnachhaltig

DER RAUTEN-FLECHTZAUN

Für einen Rauten-Flechtzaun benötigst du gleichmäßige, 1–2 cm starke Weidenruten. Für einen senkrechten Zaun sind etwas dickere, etwa 1,5–3,5 cm starke Ruten ideal.

So geht's:

- Markiere dir den Lauf deines gewünschten Zauns: Entweder mit einer gespannten Schnur bei einem gerade Verlauf oder aber – da der lebende Zaun auch sanfte Schwünge machen kann – mit einem Schlauch oder Ähnlichem am Boden.
- Hebe den Pflanzgraben etwa 20 cm breit (etwa Spatenbreite) und ungefähr 30 cm tief aus, den Oberboden lagerst du getrennt. Steine auslesen oder für ein optimales Ergebnis den Oberboden sieben.
- Jetzt musst du senkrechte Pfähle im Abstand von maximal 1,50 m in die Erde treiben, durch sie wird das Rautengeflecht später stabilisiert. Als Material kommen entweder starke Weidenzweige (5–8 cm Durchmesser), die auch austreiben können, oder Pfähle aus Fichte oder Kiefer, die nicht austreiben, infrage.
- Den gesiebten Oberboden wieder in den Pflanzgraben füllen und leicht verdichten, aber nicht bis zum Rand vollfüllen, so läuft beim Wässern das Wasser nicht weg.
- Schneide die Weidenruten mit dem Astschneider oder der Rosenschere, je nach Dicke, unten noch einmal frisch an.
- Die Weidenruten zuerst in eine Richtung schräg in den Boden stecken (Abstand zwischen den Ruten: etwa 25 cm). Nicht zu flach, sondern steiler als 45 Grad stecken, denn es sollen später Rauten entstehen, keine Karos. Außerdem wachsen die Ruten besser an, je senkrechter sie stehen.
- Jetzt Weidenruten in die andere Richtung von oben nach unten einflechten, in den Boden stecken und alle Ruten nochmal gut

Hier wurden die schräg gesteckten Ruten an senkrechten Ruten stabilisiert, die oben zu kleinen Spitzen zusammengebunden wurden.

Um für einen Ausfall gewappnet zu sein – und auch weil es schön aussieht – kann man statt einzelnen Ruten auch zwei oder drei Ruten parallel stecken.

in den Pflanzgraben hineindrücken. Guter Bodenkontakt ist Voraussetzung für das Bilden von Wurzeln.

- Das Geflecht zur Stabilisierung zum Beispiel mit Sisal an die Pfähle binden, Weidenruten auf der gewünschten Höhe abschneiden.
- Zum Schluss gründlich wässern, damit der Oberboden guten Kontakt mit den Weidenruten bekommt.
- Im ersten Jahr nach der Pflanzung, je nach Temperatur und Niederschlag, fast täglich wässern. Denn jede nicht angewachsene Rute kann die gleichmäßige Optik stören. In einer warmen Trockenperiode ist es sogar sinnvoll, die Weidenruten morgens und abends zu wässern: Etwa 10 l pro Meter sind dann für einen Gießgang angesagt.

MÜLLBOXEN & ANDERE HÄUSCHEN

Häuschen jeglicher Art avancieren schnell zum Schmuckstück des Gartens. Das Schöne ist: Hier kann man sich einmal in Dach- und Fassadenbegrünung üben, ohne viel Geld für Profis auszugeben bzw. die Versehrtheit des Eigenheims aufs Spiel zu setzen. Willkommen in der Welt der kleinen Bauten, die viel Potenzial für DIY-Bepflanzungen mitbringen.

NEUE LEBENSRÄUME

Es muss nicht gleich das extensiv oder gar intensiv begrünte Hausdach sein oder die mit uraltem, blühendem Efeu bewachsene Fassade. Klar, diese Biotope schaffen den größten Nutzen für Tierwelt und Umwelt. Aber nicht jeder traut sich gleich an ein solches Projekt bzw. hat die finanziellen Mittel dafür. Fangen wir doch einfach eine ganze Nummer kleiner an …

Ein begrüntes Vogelhausdach ist eine gute Möglichkeit, sich einmal dem Thema Dachbegrünung zu nähern. Du wirst mit diesen wenigen Quadratzentimetern Pflanzfläche keinen Verdunstungs- und Kühleffekt erzielen oder all die anderen Vorteile, die Dachbegrünung mit sich bringt (Seite 8). Aber du bekommst ein Gefühl für die Materie und auch Familienmitglieder und Besucher werden für das Begrünungspotenzial von zunächst unbelebten Flächen sensibilisiert. Und wenn es auf dem Dach blüht, kommen sicherlich auch ein paar Insekten auf der Suche nach Pollen vorbei, obwohl die Befürchtung, dass die eigentlichen Adressaten des Vogelhäuschens mit wachem Auge auf die geflügelte Proteinmahlzeit warten könnten, nicht von der Hand zu weisen ist.

Sieh das begrünte Vogelhausdach als Spielerei – und als Generalprobe für dein nächstes Werk. Ein begrüntes Müllhäuschen vielleicht? Ein grünes Dach für den Gartenschrank oder eine einjährige Kletterpflanze an der Box für die Liegestuhl-Auflieger? Oder ein Makeover des tristen Geräteschuppens? Letzteres wäre dann schon ein mittelgroßes Projekt, was den Aufwand angeht. Meist sind Schuppen und Co. aber so gebaut, dass die Herausforderungen einer Wohnhaus-Begrünung, wie der Umgang mit Dämmung, Putz und Wärmebrücken (Seiten 64 und 66), nicht zum Tragen kommen – also eine schon etwas ambitioniertere Generalprobe für größere Begrünungsvorhaben.

Bei kleinräumigen, auch für den Laien umsetzbaren Dach- und Fassadenbegrünungen ist ausprobieren und improvisieren erlaubt! Es geht darum, auf mehr oder weniger simple Weise, Lebensräume zu schaffen, wo vorher keine waren. Ganz nach dem Motto: Jedes Gewächs mehr zählt.

Ein Lagerplatz für diverse Baumaterialien wurde zum Tierunterschlupf umgestaltet – ein begrüntes Dach als Insekten-Buffet inklusive.

PFLANZEN FÜR KLEINE BEGRÜNUNGSPROJEKTE

Für die Dachbegrünung mit geringer Substratstärke, zum Beispiel bei einem Vogelhaus oder einer Mülltonnenbox, bieten sich folgende Pflanzen an:

- Weißer Mauerpfeffer (*Sedum album*), Höhe: 5–10 cm
- Milder Mauerpfeffer (*Sedum sexangulare*), Höhe: 5–10 cm
- Sibirische Fetthenne (*Sedum hybridum* 'Immergrünchen'), Höhe: 10–15 cm
- Berg-Mauerpfeffer (*Sedum montana* 'Jenny'), Höhe: 15–20 cm
- Ausgebreitetes Gartenfettblatt (*Sedum floriferum* 'Diffusum'), Höhe: 20–25 cm
- Tripmadam (*Sedum reflexum*), Höhe: 20–25 cm

Weißer Mauerpfeffer (Sedum album) auf einer Mülltonnenbox.

#machsnachhaltig

Ein Wochenend-Projekt: Begrüntes Vogelhäuschen

Ich krieg 'nen Vogel … oder auch drei, vier oder noch viel mehr. Und zwar am Vogelhäuschen. Ein einfaches Futterhäuschen, als Anfänger-Projekt am besten mit Flachdach, kannst du entweder kaufen und ihm dann ein grünes Dach auf den Kopf setzen. Oder du kannst es, bevorzugt aus alten Recycling-Materialien, selber zusammenzimmern.

Sauberkeit für Gesundheit

Bei gekauften Futterhäuschen achte auf ein Modell mit Silo. Das ist eine Art „Kamin", der dafür sorgt, dass das Vogelfutter von oben eingefüllt wird, vor Vogelkot und Schmutz geschützt nach unten rutschen kann und quasi portionsweise durch einen Spalt austritt. Das Futter rutscht erst nach, wenn die Vögel einige Körner aufgepickt haben. So bleibt es weitgehend sauber und Krankheitserreger werden nicht so leicht übertragen. Findige Selbermacher übernehmen das Prinzip auch bei DIY-Vogelhäusern, zum Beispiel mit einem Stück Rohr von einem alten Sonnenschirmständer oder einem Rest PVC-Installationsrohr. Dann braucht man noch einen Deckel auf dem Rohr, der das Futter vor Regen schützt, zum Nachfüllen der Körner aber zu öffnen ist.

Ein einfaches Häuschen bauen

Für ein Häuschen Marke Eigenbau schau dich mal im Schuppen um: Bestimmt hast du zwei unterschiedlich große Holzbretter und ein paar Leisten oder Kanthölzer (etwa 5 cm breit).

Das Vogelhäuschen wird nicht ewig halten. Wenn du die Bretter mit ökologischer Farbe streichst, kannst du die Lebensdauer verlängern.

So geht's:

1. Das kleinere Brett wird der Boden des Vogelhäuschens, das größere das Dach. Aus einem schmalen Kantholz vier etwa 15 cm hohe Stücke für die senkrechten Stützen sowie vier Abschnitte als Einfassung für das Dach, damit das Substrat auf dem Dach bleibt, zurechtsägen. Die Einfassung sollte mindestens 5 cm hoch sein, damit genügend Substrat eingefüllt werden kann.
2. Ein paar dünne Leisten zusägen und um den Boden herum schrauben. Sie sorgen dafür, dass das Vogelfutter an Ort und Stelle bleibt.
3. Die Stützen von unten durch den Boden anschrauben. Nach demselben Prinzip das größere Brett als Dach auf die Stützen schrauben.
4. Aus einem Stoffrest, zum Beispiel von einer alten Jeans oder einem Bettbezug, improvisierst du ein Filtervlies. Dafür den Stoff zurechtschneiden.
5. Die vier Kantholz-Abschnitte als Einfassung für das Dachsubstrat auf das Dach schrauben, das Filtervlies dabei mitfassen.
6. Einfassung und Dach bitte nicht ganz fest miteinander verbinden: Es sollte ein kleiner Spalt bleiben, damit sich das Regenwasser nicht auf dem Dach wie in einer Schüssel sammelt, sondern abfließen kann.
7. Wenn du ganz sicher gehen willst, bohre Entwässerungslöcher ins Dach, aber unbedingt in den Bereich des Dachüberstandes (damit das Vogelfutter nicht nass wird).
8. Für diese Minifläche lohnt es sich nicht, Dachgartensubstrat zu kaufen. Mische einfach Gartenerde mit Sand und falls vorhanden gern auch etwas Blähton für die Dränage. Substrat aufs Dach füllen und bepflanzen.

Uriger und noch handgemachter sieht das Vogelhäuschen aus, wenn du die Einfassung auf dem Dach statt aus Kanthölzern aus Ästen machst. Da Äste nicht ganz gerade sind, ergeben sich automatisch Spalten, durch die das Wasser abfließen kann.

#machsnachhaltig

GRÜN UND BUNT FÜR DIE MÜLLTONNENBOX

Mülltonnen, oft zu dritt oder viert im Vorgarten aufgestellt, sind keine Zierde. Mülltonnenboxen bringen Ordnung ins Sammelsurium, sehen aber oft unpersönlich aus. Ökologischer Mehrwert: null! Wie gut, dass es Mülltonnenboxen mit integrierten Pflanzwannen gibt – sogar im Baumarkt – und im Internet, in Bau- und Gartenmärkten zudem Pflanzwannen zum Nachrüsten. Auf Betonboxen kannst du statt einer Wanne auch lediglich Edelstahlrahmen aufkleben. Vorteil: Du kannst die Aufkantungen nach den Maßen deiner Mülltonnenbox bestellen (Bezugsquellen Seite 124).

So geht's:

1. Als erstes eine Dränschicht (Kies oder Blähton) in die Pflanzwanne füllen: bei einem 10 cm hohen Rahmen beispielsweise 2–3 cm hoch. So wird Staunässe vermieden, es bleibt aber noch genügend Platz für Substrat und Pflanzenballen.
2. Das (Dachgarten-)Substrat sollte ausreichend wasserdurchlässig sein, aber auch Wasser halten können durch offenporige Materialien und unterschiedliche Kornabstufungen. Ein Anteil organischer Substanz, in nicht zu großer Menge, darf auch nicht fehlen. Frage am besten im Garten- oder Baumarkt nach einem Substrat für extensive Dachbegrünungen.
3. Damit das Substrat nicht in die Dränschicht gespült wird, ein Filtervlies auflegen und am Rand der Pflanzwanne hochziehen. So kann die Entwässerungsöffnung nicht verstopfen.
4. Das Substrat einfüllen. Du kannst es in der Mitte der Wanne für größere Pflanzen auch etwas höher auffüllen. Das herausschauende Vlies zurückschneiden.
5. Abwechslungsreich mit trockenheitsverträglichen Klassikern der extensiven Dachbegrünung bepflanzen (Seite 43) oder mit bunt blühenden Kräutern und Stauden.

Für Selberbauer

Möchtest du eine individuelle Gestaltung oder findest kein passendes Fertigsystem, kannst du deinen eigenen grünen Mülltonnenstandort realisieren. Eine schrankähnliche Box mit Tür und allem Drum und Dran ist schwierig, ein offener Unterstand mit etwas handwerklichem Geschick aber durchaus machbar. Er besteht aus vier oder je nach Größe des Unterstands auch mehr stabilen Stützen, die in einbetonierten Pfostenschuhen sitzen und mithilfe von Stahlwinkeln die Pflanzwanne halten. Es empfiehlt sich, auch eine Aussteifung unter dem Wannenboden einzuplanen, denn es kommt je nach Füllhöhe des Substrats und Pflanzenmasse einiges an Gewicht zusammen. Wichtig ist auch, die Stützen mit einem Querriegel auszusteifen. Die Pflanzwanne selbst wird wie bei der Mülltonnenbox entweder fertig gekauft (und nach deren Maßen der Unterstand gebaut) oder passgenau angefertigt. Das Loch zur Entwässerung nicht vergessen.

Ein Mülltonnenunterstand mit Schnittlauch, Thymian, Horn-Veilchen und sogar Erdbeeren auf dem Dach.

Wenn es einfacher sein soll ...

Auch ganz unabhängig von Pflanzwannen auf dem Dach kann man Mülltonnenunterstände und -boxen begrünen. Ein Unterstand hat naturgemäß offene Seitenwände; sie können durch Rankelemente ergänzt und dann mit Kletterpflanzen begrünt werden.

#machsnachhaltig

Kühles Gartenzimmer: Ein Moosgarten

Ein grünes Zimmer, das bei heißen Temperaturen Kühlung verspricht, ist ein willkommener Rückzugsort im Sommer. Um solch einen speziellen Outdoor-„Kühlraum“ anzulegen, brauchst du einen schattigen Ort und Strukturen, die eine Art Zimmer ermöglichen.

Vom Schmuddel-Ort zum Gartenzimmer

Das grüne Zimmer kann an einem Ort entstehen, der bisher noch nicht für Gartenidylle und Charme bekannt ist: beispielsweise der Platz zwischen Garage und Geräteschuppen. Mit ein paar verbindenden Balken nach Art einer Pergola schaffst du die Voraussetzungen für ein grünes Dach. Zwei „Wände“ des Zimmers sind durch die Wände der Nebengebäude bereits fertig, eine dritte „Wand“ realisierst du mit einem Rankgitter, das erst selbst durch Schlinger oder Ranker begrünt wird, bevor diese von dort aus den Dachbereich erobern. Schon ist das grüne Zimmer fertig.

Kletterpflanzen fürs grüne Zimmer

- Akebie (*Akebia quinata*): Schlinger
- Berg-Waldrebe (*Clematis montana*): Ranker
- Kletter-Hortensie (*Hydrangea anomala* subsp. *petiolaris*): Selbstklimmer, auch als Ranker verwendbar
- Weinrebe (*Vitis vinifera*): Ranker, zum Beispiel die Sorten ‘Bristaler Muskat’ (weiße Trauben), ‘Muscat bleu’ (rote Trauben)
- Japanischer Blauregen (*Wisteria floribunda*): Schlinger

MOOS IST IN DER LAGE, VIEL WASSER ZU SPEICHERN, UND SORGT ÜBER DIE VERDUNSTUNGSKÄLTE FÜR EIN ANGENEHMES MIKROKLIMA.

Ein feucht-kühles, schattiges Gartenzimmer avanciert schnell zum sommerlichen Lieblingsplatz.

Mit Moos mehr los

Wenn die Kletterpflanzen alles gut begrünt haben, wird es schattig im grünen Zimmer und der Rasen immer mehr vermoosen – vorausgesetzt, du hast keine Gehwegplatten oder eine wassergebundene Decke eingebaut. Platten würden die Wärme speichern und lange abgeben und damit dem Plan eines kühlen Rückzugsorts für heiße Tage zuwiderlaufen. Aus dem Rasen jedoch, der sich langsam in einen Moosteppich verwandelt, kann Wasser verdunsten, genauso wie aus den Kletterpflanzen. Je wärmer, desto mehr Wasser wird verdunstet und desto mehr kühlt die Umgebung durch die Verdunstungskälte ab (Seite 8). Das alles kannst du toppen, indem du Moosmatten an die Fassaden von Garage und Geräteschuppen klebst.

Hast du in deinem grünen Zimmer Moose zu deinen Füßen – und vielleicht sogar an den Seitenwänden –, kannst du mit lang anhaltender Verdunstungskälte im Sommer rechnen. Wenn alles gut eingewachsen ist, wird die kühle Luft auch nicht so schnell aus dem grünen Zimmer fortgeweht.

Was sind Moosmatten?

Eine Moosmatte ist etwa 1 cm dick und besteht aus einem Wasserspeichervlies, auf dem Moossprossen aufgetragen wurden. Damit die Moossprossen an Ort und Stelle bleiben, wurde ein dünnes Gewebe darübergelegt und dieses mit dem Wasserspeichervlies vernäht. Man erhält Moosmatten fix und fertig vorkultiviert in Bahnen zum Zuschneiden (Bezugsadressen findest du auf Seite 124). Man kann sie an Fassaden und auf Dächern anbringen.

ZAHLEN & FAKTEN

Moose können mehr als 15 l Wasser pro Quadratmeter speichern, bevor es abfließt. Dass die Wand hinter den Moosmatten nass wird, ist nicht zu befürchten. Im Gegenteil: Vorkultivierte, auf die Wand geklebte Moosmatten sind ein guter Schutz, da weder Regen noch Luftfeuchtigkeit die Wand erreichen können. Moose sind zudem gute Feinstaubfilter.

Eine Moosmatte beherbergt meist verschiedene Moosarten. Durch die Fixierung auf einem Vlies können Dachschrägen und selbst Fassaden „bemoost“ werden.

Für noch mehr Raumgefühl

Zur Unterstützung des Raumgefühls – und für eine Prise Geheimniskrämerei – kannst du neben den begrünten oder bemoosten Seitenwänden und der mit Kletterpflanzen begrünten Rückseite auch die vierte Seite des Zimmers etwas abschirmen: An den Ecken von Garage und Schuppen angebrachte Kletterhilfen verengen den Zugang zum grünen Zimmer, schaffen weiteren Platz für verdunstende Kletterpflanzen und bilden einen mehr oder weniger breiten, geheimnisvollen Eingang.

Wenn man’s auf die Spitze treibt

Jetzt könntest du noch einen weiteren Clou landen und das ganze grüne Zimmer so planen, dass es etwas tiefer als das Gartenniveau liegt. Aufwendig ja, aber höchst interessant im Effekt. Die durch die Verdunstung entstehende kältere Luft fließt nach unten und sammelt sich am Boden des grünen Zimmers – und kann durch das tiefere Niveau nicht abfließen. Es ist ein bisschen wie in einem Kaltluftsee im Gebirge und fühlt sich an, als hätte man die Füße in einem Eimer mit kaltem Wasser. Bedenken musst du hier allerdings, dass Niederschlagswasser ebenfalls nicht abfließen kann, sondern an Ort und Stelle versickern müsste – auch bei Starkregen. Hast du einen Gartenboden, der keine gute Versickerungsfähigkeit aufweist, musst du auf jeden Fall den Fußboden deines grünen Zimmers mit einem Gefälle von den Gebäuden weg ausführen und am tiefsten Punkt einen kleinen Sickerschacht einbauen. Dafür gräbst du ein Beton- oder Plastikrohr senkrecht ein und füllst es mit gewaschenem Rollkies auf. Idealerweise steht der Sickerschacht auch auf einer Packung Rollkies. Kann der Abfluss des Niederschlagswassers nicht bewerkstelligt werden, solltest du auf das Tieferlegen verzichten, sonst bekommst du statt des Moosfußbodens einen Schlammfußboden und die Gebäude könnten leiden.

WÄNDE BEGRÜNEN

Fassadenbegrünung kann eine Menge: Sie ist Wärmedämmung im Winter, pflanzliche Klimaanlage im Hochsommer, Unterschlupf und Speisekammer für Insekten und Vögel. Außerdem präsentiert sie ein hübsches grünes Blätterwerk, im Herbst manchmal auch in feurigem Rot. Gewächse an der Hausfassade bringen viele Vorteile – leider auch viele Vorurteile. Zeit, die Fakten anzuschauen …

EIN GRÜNES KLEID FÜR FASSADEN

Ranken und schlingen lassen – das ist nicht nur an Pergolen und Zäunen möglich, sondern auch an Fassaden und Mauern. Mit enormen Vorteilen für das Haus, seine Bewohner und tierische Untermieter.

Kühl im Sommer, warm im Winter

Um die Vorteile von Fassadengrün zu verstehen, lohnt sich ein Beispiel. Eine Familie liebt ihre nach Süden ausgerichtete Terrasse im Frühling und Herbst, weil es dort schon so früh im Jahr angenehm warm ist. Im Hochsommer jedoch wird es brütend heiß. Die Familie möchte also gern den Nachteil ihrer Südterrasse abmildern, die Vorteile aber unbedingt behalten. Kann Fassadenbegrünung einen Unterschied machen?

Für diesen Standort bietet sich die Dreilappige Jungfernrebe (*Parthenocissus tricuspidata* 'Veitchii') an. Im Spätherbst oder zeitigen Frühjahr, wenn das Aufheizen der Hauswand an der Terrasse erwünscht ist, steht die Pflanze ohne Blätter da und ermöglicht das Genießen der Wärmerückstrahlung der Wand. Im April oder Mai treiben die Blätter aus und überlappen sich bald dachziegelartig, sodass die Wand dahinter komplett im Schatten liegt. Und voilà: Der sommerliche Sitzplatz auf der Terrasse wird schon merklich kühler. Das liegt zum einen an der verschatteten Fassade und zum anderen daran, dass über die Blätter Wasserdampf verdunstet wird (mehr Informationen zur Verdunstungskälte: Seite 8). Eine derart differenzierte Schutzfunktion kann man mit anderen Materialien kaum erreichen.

Feinstaub binden

Unsere Luft ist je nach Standort mehr oder weniger mit Feinstäuben aus Straßenverkehr, Industrieanlagen oder Landwirtschaft belastet. Die kleinsten Partikel, der Feinstaub, werden sehr tief in die Lunge eingeatmet und können krank machen. Wie gut, dass Pflanzen zur Luftfilterung und damit zu einer besseren Luftqualität beitragen. Fassadenbegrünung ist eine gute Möglichkeit, viel Blattmasse aus einer geringen Grundfläche entstehen zu lassen – besonders in der Stadt, wo Grund und Boden knapp und teuer sind.

Schallreflexionen reduzieren

Lärm stört das Wohlbefinden und kann sogar krank machen. Gegen die Geräuschkulisse vom Straßenverkehr ist man machtlos. Harte Bodenbeläge, Häuser und Mauern reflektieren die Schallwellen. Unter Umständen können die Schallwellen so oft hin und her reflektiert werden, dass es hinter einem Gebäude, also auf der von der eigentlichen Schallquelle abgewandten

Zur Dreilappigen Jungfernrebe und zum Efeu gesellt sich an der vorderen Ecke eine Kletter-Hortensie.

Seite, lauter ist als direkt neben der Schallquelle. Das Begrünen von Fassaden kann helfen, die Schallreflektionen zu brechen – es wird leiser.

Lebensraum für Tiere

Kletterpflanzen an der Fassade bilden auch einen wertvollen Lebensraum für Tiere: Hier finden sie Nahrung und Unterkunft. Der immergrüne Efeu kann zum Beispiel zu einer mächtigen Schicht von etwa 30–40 cm Dicke auf der Fassade heranwachsen: ein guter Platz für ein verstecktes, vor Wind und Hitze geschütztes Nest und einen Schlafplatz. Nicht selten findet man hier Amseln, Singdrosseln, Grünfinken, Heckenbraunellen oder den kleinen Zaunkönig. Auch viele Spinnen leben hier. Wenn der Efeu zu solch einer Stärke angewachsen ist, befindet er sich sicherlich schon in der Altersform. Das heißt, nun setzt er auch Blüten und Früchte an – das freut Wildbienen, Schwebfliegen und Vögel.

BEGRÜNEN ODER BEGRÜNEN LASSEN?

Gebäudebegrünung ist Profisache – zumindest, wenn es um ein Wohnhaus geht. Zu ausgeklügelt ist heute ein Wandaufbau aus tragenden Elementen, Dämmschichten und Verkleidungen. An Schuppen, Garage und Co. und auch an die Gartenmauer kann man sich unter Umständen selber heranwagen.
Worauf man im Einzelnen achten sollte, erfährst du auf den nächsten Seiten. Übrigens: Es muss auch gar nicht unbedingt die ganze Fassade sein: Mit einer Kletterhilfe kann die Höhe und Breite der Begrünung begrenzt und so können interessante optische Akzente gesetzt werden. Natürlich müssen gewünschte Wuchshöhe und die gewählten Pflanzen zusammenpassen. Einige Kletterer können aber auch zurückgeschnitten werden.

Von Anfang an geplant

Egal, ob Wohngebäude, Gartenhaus, Werkstatt oder Garage: Das Begrünen von Fassaden lässt sich am besten im Zuge eines Neubaus gleich mit planen. Optimalerweise sind alle an der Hausplanung Beteiligten auch von Anfang an bei der Konzeption der Fassadenbegrünung mit im Boot. Dann kann man relativ kostengünstig eine gestalterisch attraktive Fassade bekommen und die Befestigungssysteme für die Kletterhilfen werden gleich ohne Wärmebrücken (Seite 64) in die Fassade integriert. Auf diese Weise sind die Befestigungen optimal verankert und die Schutzhülle des Gebäudes, vor allem Dämmung und Putz, werden nicht beeinträchtigt.

ZAHLEN & FAKTEN

Viele Städte und Kommunen unterstützen Fassadenbegrünungen mit Zuschüssen. Kletterpflanzen können das Aufheizen von Fassaden wirksam reduzieren. Verschattung und Verdunstungskälte halten nicht nur die Wohnungen kühler, sondern wirken auch in den Straßenraum hinein. Dies ist ein Beitrag, um der Wärmeinsel Stadt entgegenzuwirken.

Einfache Nebengebäude

Bei Schuppen, alten Stallgebäuden und massiven Garagen, die keine besonderen Wandaufbauten besitzen, sondern aus Mauersteinen oder Beton ohne Dämmschicht bestehen, kann man auch einfache Rankgitter an die Wände dübeln. Meist sind das auch die Gebäude, die am dringendsten eine hübsche grüne Hülle vertragen könnten. Wichtig und in diesem Fall in der Hand des Hobbygärtners ist, darauf zu achten, dass Kletterhilfe und vorgesehene Pflanze zusammenpassen.

CHECKLISTE

Die wichtigsten Fragen, die du und dein Planer vorab klären sollten:

- Passt die Befestigung der geplanten Kletterhilfe zum Wandaufbau?
- Passt die Kletterhilfe zur gewünschten Pflanze?
- Will ich Blüten und Früchte, will ich Herbstfärbung?
- Will ich eine immergrüne Pflanze?

Eine unscheinbare Fassade wird mit einer in Form, Farbe und Material passenden Kletterhilfe aufgewertet – auch bereits ohne Pflanze.

Mal eine andere Art der Fassadenbegrünung: Hier schmückt eine Brombeere den alten Schuppen und verspricht köstliche Früchte.

Manche Kletterer, wie dieser Wilde Wein, entzünden im Herbst ein wahres Feuerwerk an Farben. Auch dieser Aspekt sollte bei der Planung berücksichtigt werden.

FEATURE

Die Kletter-strategien der Pflanzen

Gehölze sind auf Sonnenlicht und Wasser angewiesen, um Blüten und Früchte auszubilden und letztlich für die Fortpflanzung zu sorgen. Wenn ein Gehölz keinen Stamm ausbilden kann, dann liegt die Lösung nahe, zum Sonnenlicht zu klettern. Die Ausgangssituationen für den Weg nach oben sind aber unterschiedlich, deshalb haben die Pflanzen verschiedene Kletterstrategien entwickelt. Man unterscheidet grob zwischen Selbstklimmern und Gerüstkletterpflanzen, bei Letzteren unterscheidet man Schlinger und Ranker.

Selbstklimmer

Diese Art von Kletterpflanzen können mit ihren Haftwurzeln oder Haftscheiben fast jede Fassade von allein erobern, solange sie nicht sehr glatt ist. An polierten Flächen, wie sie bei Natursteinen vorkommen können, und an Glasflächen können sie nicht haften. Die bekanntesten und weitverbreitetsten Selbstklimmer sind Efeu (*Hedera helix*, Seite 78), Fünfblättrige Jungfernrebe (*Parthenocissus quinquefolia* var. *engelmannii*), Dreilappige Jungfernrebe (*Parthenocissus tricuspidata* 'Veitchii') und Kletter-Hortensie (*Hydrangea anomala* subsp. *petiolaris*).

Der schnellwachsende Efeu und die langsam wachsende Kletter-Hortensie eignen sich besonders für schattige Nordwände. An sich sind sie selbstklimmend, jedoch gibt es in beiden Fällen ein kleines Aber: Während Efeu gegen das Ablösen von der Wand im Alter gesichert werden sollte, hat die Kletter-Hortensie gern ein Klettergerüst in jungen Jahren als Starthilfe, die sie an der Wand hält, bis sie Haftwurzeln gebildet hat. Beide Selbstklimmer zählen übrigens zu den Insektennährgehölzen.

Selbstklimmer: Die Kletter-Hortensie hält sich mit ihren Haftwurzeln selbst an der Fassade fest.

Schlinger: Der Hopfen (Humulus lupulus) schraubt sich an senkrechten Stangen oder gespannten Drähten empor.

Schlinger

Schlinger sind Pflanzen, die – je nach Wüchsigkeit – mit ihren berührungsempfindlichen Trieben Baumstämme und Äste, Seile oder Stäbe umschlingen und so nach oben wachsen. Schlinger können mit der richtigen Kletterhilfe eine Fassade oder Mauer attraktiv begrünen: Vom kaum über 2 m hoch werdenden Roten Geißblatt (*Lonicera × brownii*) über das 12 m hohe Immergrüne Geißblatt (*Lonicera henryi*) bis zum Blauregen (*Wisteria sinensis*, Seite 79), der die beachtliche Höhe von 30 m erreichen kann. Je nach Art muss eine andere Kletterhilfe angeboten werden: Für ein Geißblatt ist ein Spanndraht von 3 mm Durchmesser völlig ausreichend, während es für den Blauregen gern ein Rohr von bis zu 3 cm Durchmesser sein sollte. Er braucht dringend eine stabile Kletterhilfe, ein Spanndraht ist definitiv nicht ausreichend – Schäden an der Pflanze und an der Fassade wären vorprogrammiert. Außerdem sollten auch waagerechte Rohre oder Stäbe vorhanden sein, weil an den waagerechten Trieben die meisten Blauregen-Blüten angesetzt werden. Übrigens können die berührungsempfindlichen Triebe des Blauregens über 1 m lang werden, mit denen sie durch die Luft rotieren und nach einer Schlingmöglichkeit suchen. Ein Regenfallrohr sollte nicht in der Nähe sein (Seite 72).

FEATURE

Spreizklimmer: Die Rose verhakt sich mit Stacheln und Trieben; Rank- oder Haftorgane hat sie nicht.

Ranker

Ein bekannter Ranker ist die Weinrebe (*Vitis vinifera*), die ihre Ranken um dünne Drähte eines Rankgitters schlingt. Die Ranken sehen aus wie die Windungen eines Korkenziehers, mit ihnen umschließen sie ein Seil oder einen Draht. Es ist das gleiche Prinzip wie bei den Schlingern, nur, dass nicht die gesamte Pflanze schlingt, sondern die extra ausgebildeten beweglichen, berührungsempfindlichen Ranken. Der Haupttrieb wird auf diese Weise gehalten und kann sich weiter nach oben entwickeln. Ein Rankgitter von 12 m Höhe? Kein Problem für den Wein.

Blattstielranker bilden keine extra Ranken aus, sondern es übernehmen – wie der Name schon sagt – die berührungsempfindlichen Blattstiele die Funktion der Ranken. In unseren Breiten ist nur die *Clematis* als Blattstielranker bekannt. *Clematis vitalba* kann bis 12 m an einem Rankgitter hochklettern, während die Alpen-Waldrebe (*Clematis alpina*) gerade 3 m schafft.

In die Kategorie der Ranker gehören auch die Spreizklimmer wie die Kletterrose (*Rosa*) und der Winter-Jasmin (*Jasminum nudiflorum*, Seite 81). Genau genommen sind sie gar keine Kletterpflanzen, sondern sie verhaken sich mit ihren steifen sparrigen Trieben in Sträuchern oder Rankgittern. Manchmal haben sie zusätzlich Dornen wie der Feuerdorn (*Pyracantha coccinea*).

Ranker: Die Weinrebe bildet Ranken aus, um sich an dünnen Drähten festzuhalten.

TIPPS FÜR DIE FASSADEN-BEGRÜNUNG

LEICHTE EINJÄHRIGE UND FILIGRANE KLETTERHILFE PASSEN GUT ZUSAMMEN: DIE SCHWARZÄUGIGE SUSANNE FÜHLT SICH IM BALKONKÜBEL SICHTLICH WOHL.

Fehler bei der Fassadenbegrünung verhindern nicht nur den gewünschten Erfolg, sie gehen auch richtig ins Geld. Teuer sind viele Kletterhilfen aus Edelstahl. Und noch teurer ist unter Umständen die Beseitigung von Schäden, falls eine ungeeignete Kletterhilfe verwendet und diese von kräftig und schwer gewordenen Kletterpflanzen mitsamt Verankerung aus der Fassade gezogen wurde und zu Boden gestürzt ist.

Die richtige Kletterhilfe

„Hilf mir!" würden einige Kletterpflanzen rufen, wenn sie könnten. Efeu, Wilder Wein, Kletterrose, Winter-Jasmin, Weinrebe oder Clematis stehen ratlos vor einem edlen, senkrecht gespannten Edelstahl-Drahtseil. Was für die meisten Schlinger ideal ist, ist für die genannten Kletterpflanzen nutzlos. Sie sind allesamt keine Schlingpflanzen! Efeu und Wilder Wein brauchen eine Fläche mit haftfähigem Untergrund, also kein Glas oder Stahl, sondern Putz oder Beton. Kletterrose und Winter-Jasmin sind Spreizklimmer und wollen mit ihrer Vorliebe für waagerechte und senkrechte Kletterhilfen zum Beispiel ein Holzspalier oder auch ein Edelstahlgitter. Weinrebe und Clematis sind Ranker und wollen im Groben dasselbe wie Kletterrose und Winter-Jasmin. Der Teufel liegt hier aber im Detail: Während für eine Weinrebe ein Holzspalier ideal ist, ist für die zarteren Triebe der Clematis ein Edelstahlgitter aus dünnen Stäben besser.

Du siehst, es kommt auf den Klettertyp der Pflanze an – die wichtigsten Kletterstrategien findest du zusammengefasst ab Seite 58. Es klingt banal, ist aber für eine erfolgreiche Fassadenbegrünung Voraussetzung: Bitte die richtige Kletterpflanze auf dem richtigen Untergrund mit der richtigen Kletterhilfe. Trotzdem sieht man häufig Edelstahlseile an die Wand montiert und Efeu dazu gepflanzt. Ein sinnloses Unterfangen, denn der Efeu begrünt unkontrolliert die Wand – die teuren Edelstahlseile sind ihm schnuppe.

Ausreichend Platz

Kletterhilfen sind oft so dicht an die Wand montiert, dass die Pflanzen gar nicht genug Platz haben, um zwischen Wand und Kletterhilfe hindurchzupassen. Zunächst funktioniert es bei den jungen Trieben vielleicht noch, aber das schnell einsetzende Dickenwachstum der Triebe sprengt bald entweder die Kletterhilfe aus der Wand oder der Saftstrom wird so stark abgequetscht, dass die Pflanzen sich nicht richtig entwickeln können oder gar eingehen. Oft entstehen dabei Wunden, weil die Rinde beschädigt wird, in die Pilze oder Ähnliches eindringen können. Aber nicht nur der Abstand von der Kletterhilfe zur Wand, auch die Abstände der senkrechten und waagerechten Rankelemente müssen groß genug sein, um das Dickenwachstum der Kletterpflanzen nicht einzuschränken.

Ein Paradebeispiel für oftmals falsch gewählte Kletterhilfen liefert wieder einmal der Blauregen (*Wisteria*). In relativ kurzer Zeit, etwa zehn Jahre, hat er einen Stamm von bis zu 20 cm Durchmesser entwickelt; im Laufe der Zeit kann er auf über 50 cm anwachsen. Da ist eigentlich klar, dass die Kletterhilfe nicht nur 5 cm Wandabstand und 6mm Durchmesser aufweisen darf. Das wird in der Praxis aber häufig nach dem Motto „wird schon gutgehen" ignoriert. Aber wenn der Blauregen sich so entwickelt, wie wir es uns eigentlich erträumen – üppig und voller lila Blütentrauben – wird es ein böses Erwachen geben (wie man es richtig macht, erfährst du im Porträt auf Seite 79).

Ziehen und zerren

Es zieht! Und zwar die Kletterpflanze an der Kletterhilfe. An der Kletterhilfe wirken enorme Kräfte, nicht nur durch das im Laufe der Zeit immer größer werdende Gewicht der Pflanze, sondern auch durch den Wind. Die Blätter wirken wie ein Segel und sorgen so für eine enorme Windlast – je höher die Kletterpflanze emporwächst, umso höher die Windlast! Im Extremfall ist die Pflanze zudem nass vom Regen und somit noch schwerer, während Gewitterböen an ihr zerren. Wenn die Kletterhilfe und die Befestigungen jedoch stark genug ausgelegt sind, werden allenfalls einige Blätter abgerissen – das ist zu verschmerzen.

Auf den Standort abgestimmt

Einige Kletterpflanzen haben sich also auf schattige Bedingungen spezialisiert; sie benötigen viel Wasser und feuchte Böden. Bei starker Sonneneinstrahlung würden die Böden austrocknen und die Pflanze zusätzlich viel Wasser verdunsten, weshalb sie sehr leiden und letztendlich absterben würde. Spezialisten für schattige Standorte sind Efeu (*Hedera helix*) und Immergrünes Geißblatt (*Lonicera henryi*), aber auch die Kletter-Hortensie (*Hydrangea anomala* subsp. *petiolaris*), die im Gegensatz zu den beiden anderen nicht immergrün ist, sondern zuerst leuchtend gelbes Herbstlaub bekommt, was sie dann abwirft. Sie alle sind ideal zur Begrünung von Nordfassaden geeignet, weil sie dort vor starker Sonneneinstrahlung geschützt sind.

Es gibt aber auch Sonnenanbeter unter den Kletterpflanzen. Dazu gehören zum Beispiel Blauregen (*Wisteria sinensis*), Gold-Geißblatt (*Lonicera × tellmanniana*) oder Strahlengriffel (auch Zier-Kiwi genannt, *Actinidia kolomikta*). Sie sind für eine Südfassade geeignet. Durch die höhere Verdunstung benötigen sie jedoch viel Wasser, daher ist regelmäßiges Gießen – nicht nur nach der Pflanzung – erforderlich. Die meisten Kletterpflanzen mögen halbschattige Bereiche.

Ohne Wärmebrücken

Als Wärmebrücke bezeichnet man eine Stelle in der Fassade, wo die Wärme aufgrund eines bestimmten Materials schneller nach außen geleitet wird als an der übrigen Fassade. Umgangssprachlich wird auch manchmal der Begriff Kältebrücke verwendet; er bezeichnet dasselbe. Dass Wärme überhaupt nach außen geleitet wird, soll vermieden werden. Deshalb werden Häuser gedämmt: um Wärmeverluste zu minimieren und somit den Energieverbrauch und den CO_2-Ausstoß zu reduzieren. Aber was hat das mit Fassadenbegrünung zu tun?

Wenn man eine Kletterhilfe an ein Haus mit Wärmedämmverbundsystem (WDVS) anbringen will – also an eine wärmegedämmte Fassade, die aus tragender Wand, Dämmschicht und Außenputz besteht –, kann deren Befestigung nur in der tragenden Wand ausreichend Halt finden. Die schon erwähnten Windlasten und das Eigengewicht der Kletterpflanze kann niemals nur von Dämmung und Putz gehalten werden. Die Wärmedämmung, die zum Beispiel aus Hartschäumen, Holz- oder Mineralfasern, Hanf oder Kork besteht, ist viel zu weich, um die Kräfte, die auf die Befestigungen wirken, aufnehmen zu können.

Aus demselben Grund sollte man auch keine Fassaden mit einem Wärmedämmverbundsystem mit Selbstklimmern, wie Efeu oder Wildem Wein, begrünen.

Die Befestigung der Kletterhilfen müsste also tief, über den Putz und die Dämmung hinaus bis zur tragenden Wand, hineinreichen. Bei solchen Aktionen kommen meist Dübel, Schrauben oder Gewindeanker zum Einsatz. Diese wiederum leiten die Wärme sehr viel schneller nach außen, als es das Wandmaterial und die Wärmedäm-

Wer sich das mögliche Dickenwachstum des Blauregens vor Augen führt, kann nachvollziehen, dass Edelstahlseile als Kletterhilfe nicht geeignet sind.

mung tun – Wärmebrücken entstehen. Es wird über die Wärmebrücken aber nicht nur Wärme nach außen geleitet, sondern auch Kälte nach innen. In diesem Zusammenhang kann es auch zu Schimmelbildung kommen – ein waschechter Bauschaden.

Um diese Szenarien zu vermeiden, kann man entweder spezielle Systeme von Dübeln und Abstandshaltern wählen, die den Wärmefluss unterbrechen, oder Klettersysteme wählen, die gar nicht mit der Wand verbunden, sondern vorgelagert sind (Seite 68). Am allerbesten ist, sich bei Häusern mit Wärmedämmverbundsystemen mindestens von Fachfirmen beraten zu lassen, wenn nicht sogar sie mit der Montage zu beauftragen.

GEDÄMMTE WÄNDE BEGRÜNEN

Häuser mit Außendämmung sind im Nachhinein, also nach Fertigstellung des Hauses, nicht ganz einfach zu begrünen. Aufgrund ihrer speziellen Struktur kommen Selbstklimmer nicht infrage, und die Installation von Kletterhilfen ist notwendig, herausfordernd, aber machbar.

Wärmedämmverbundsysteme

Eine im sogenannten Wärmedämmverbundsystem (WDVS) aufgebaute Hauswand – bestehend aus tragender Wand mit aufgeklebter oder angedübelter Dämmung und einem Dünnputz als Schutz vor Witterungseinflüssen – ist für eine Begrünung mit Selbstklimmern, wie Efeu oder Wildem Wein, nicht geeignet. Die Haftorgane würden sich nur am wenige Millimeter starken Putz festhalten und könnten ihn, möglicherweise mitsamt Wärmedämmung, von der Fassade reißen.

Die Wände mithilfe einer Kletterhilfe, an denen Schlinger oder Ranker emporklettern, zu begrünen, ist nicht wirklich einfacher. Zwar klettern diese Pflanzen nur an der Kletterhilfe und haften nicht am Putz, allerdings durchdringen die Befestigungen der Kletterhilfe das Wärmedämmverbundsystem. Es entstehen Wärmebrücken (Seite 65), die vermieden werden müssen.

Aber eine WDVS-Fassade zu begrünen, ist eine sehr gute Idee! Nicht zuletzt aus kuriosem Grund: Spechte lieben diesen Wandaufbau, um ihre Bruthöhlen darin zu bauen. Dass das große Schäden am Gebäude anrichtet, leuchtet ein: In die Bruthöhlen dringt Wasser ein, die Dämmwirkung wird stark reduziert und Wärmebrücken entstehen; es kann sogar zu Schimmel im Innenbereich kommen. Da Spechte nur an freien, übersichtlichen Flächen Bruthöhlen in den Fassaden anlegen, ist eine Begrünung die erfolgversprechendste und attraktivste Möglichkeit des Schutzes – nur eben nicht mit Selbstklimmern!

Hinterlüftete Fassaden

Bei hinterlüfteten Fassaden sind vor der eigentlichen Hauswand Platten, zum Beispiel aus Beton, Stein oder Holz, angebracht. Diese Fassadenplatten schützen die Wärmedämmung, die wie beim WDVS direkt auf der Hauswand befestigt ist. Zwischen der Wärmedämmung und den Platten ist ein Zwischenraum, durch den Luft strömt und eventuelle Feuchtigkeit aus der Dämmung abtransportiert wird.

Auch zur Begrünung von hinterlüfteten Fassaden scheiden Selbstklimmer aus. Ihre lichtfliehenden Triebe würden durch die Fugen der Fassadenplatten wachsen und das Durchströmen der Luft und somit das Trockenhalten der Wärmedämmung behindern. Durch das Dickenwachstum der Pflan-

Man muss schon zweimal hingucken: Ein Buntspecht möchte sich in der Wärmedämmung dieser Hauswand tatsächlich ein Heim einrichten!

zen könnten die vorgehängten Platten aus ihrer Befestigung gedrückt werden (mehr zum negativen Phototropismus von Selbstklimmern auf Seite 71). Für das zusätzliche Gewicht der Kletterpflanzen sind die Halterungen der Fassadenplatten ebenfalls nicht ausgelegt.

Wie Begrünung doch gelingen kann

Wie bereits geschildert scheiden Selbstklimmer für WDVS- und hinterlüftete Fassaden aus – da gibt es auch kein Hintertürchen. Eine Begrünung mittels Kletterhilfen ist die einzige Variante, eine echte Fassadenbegrünung bei diesen Bauarten zu realisieren.

Die beste Variante ist das Vorbereiten der Begrünung bereits während der Planung und des Hausbaus. Denn dann kann man sowohl beim Wärmedämmverbundsystem als auch bei der hinterlüfteten Fassade auf eine sinnvolle Reihenfolge der Arbeitsschritte achten: zuerst die stabilen, starren Befestigungen für die Kletterhilfe an der tragenden Wand befestigen und erst danach die Fassade mit der Dämmung oder den vorgehängten Fassadenplatten versehen.

Wer nachträglich am fertigen Haus Kletterhilfen installieren will, braucht die Hilfe von Profis. Sie schneiden ein Loch in Putz und Dämmung, fixieren eine wärmeentkoppelte Spezialhalterung an der tragenden Wand und ergänzen die Wärmedämmung samt wasserdichter Abdeckung.

Eine weitere gute Alternative für diese Haustypen ist das Begrünen, ohne dass die Wände direkt mit Pflanzen oder Dübeln und Schrauben in Berührung kommen. Die nächsten Seiten zeigen Ideen, wie es gehen kann.

VORHANDENE STRUKTUREN NUTZEN

Erwacht der Wunsch nach einer Fassadenbegrünung erst, nachdem das Haus fertig gebaut ist, muss man auf Kletterpflanzen dennoch nicht verzichten. Viele Hausbesitzer entscheiden sich aus gutem Grund gegen ein direktes Antasten der Hauswand (Seite 66). Dann sind Varianten, die das Durchdringen der Fassade vermeiden, der bessere Ansatz.

Gestänge erweitern und verbinden

Am elegantesten sind die folgenden Ideen natürlich umgesetzt, wenn sie bereits von Anfang an vom Architekten mit eingeplant wurden – mit der Option zur späteren Begrünung. Aber auch nachträglich lässt sich hier einiges umgestalten.

Man kann Elemente, die es am Haus bereits fix und fertig gibt, als Kletterhilfe erweitern. So können zum Beispiel Balkongeländer – aus Gründen der Optik möglichst aus demselben Material wie das Geländer – bis in den Garten und auch nach oben zum Balkon darüber geführt werden. Wachsen später Kletterpflanzen an diesen Gestängen können sie den Sonnen-, Wind- und Sichtschutz für die Balkone übernehmen.

Bei bodentiefen Fenstern in oberen Stockwerken sind Absturzsicherungen obligatorisch. Man kann diese seitlich bis zur Absturzsicherung des nächsten Fensters weiterführen und ebenso Verbindungen zwischen den Fenstern übereinander und bis in den Garten führen. Dann würde die Fassade von einer charakteristischen geradlinigen Struktur überzogen werden, die schon ohne Bepflanzung eine starke architektonische Wirkung besitzt. Mit Kletterpflanzen kann es regelrecht spektakulär werden.

Vom Boden bis zum Dach

Sind weder Balkon noch bodentiefe Fenster als „Andockpunkt“ vorhanden, bleibt noch die Möglichkeit, eine Grundkonstruktion für die Kletterhilfen im Boden zu verankern und am Dach (meist an den Dachbalken) zu befestigen. Es bieten sich hier, wegen dem großen Abstand der beiden Befestigungspunkte und der Windlast, steife Rohre an. Es sollten mehrere vertikale Rohre angebracht werden; zwischen diesen werden horizontale Rohre oder Profile befestigt. In der so entstandenen Grundstruktur können je nach Kletterstrategie der gewählten Pflanze (Seite 58) Stäbe, Seile oder Netze als Kletterhilfe vorgesehen werden.

Mit Improvisation …

Geländer weiterführen oder Konstruktionen vom Boden bis zum Dach installieren sind bauliche Tätigkeiten und damit nicht jedermanns Sache. Manch einer mag sich noch nicht festlegen, ein

Hier wurde von Anfang an das Begrünen mit ins Kalkül gezogen und man hat die Balkongeländer miteinander verbunden – dem Blauregen (*Wisteria sinensis*) gefällt es.

anderer ist Mieter und hat derlei Dinge nicht in der eigenen Hand, ein dritter scheut die Ausgaben. Für diejenigen bieten sich ein paar Alternativen an, die keine Fassadenbegrünung im eigentlichen Sinne darstellen, aber dem Grundgedanken nahekommen.

Alle höheren Elemente, die vor der Fassade stehen und bewachsen werden können, kann man nutzen. Das kann der typische Rosenbogen sein, der vielleicht den Hauseingang mit oder ohne Vordach umkränzt, oder ein zweidimensionales Rankgerüst, das in der Erde steckt und leicht schräg zum Haus hin geführt wird. Damit lassen sich natürlich keine meterhohen Begrünungen realisieren, aber die kalt anmutende Fassade wird geschmückt und die Optik aufgelockert. Ein paar in Reihe gestellte Rankobelisken im Vorgarten erfüllen – zumindest von der Straße aus gesehen – denselben Zweck.

Wer eine Nummer größer planen will, kann auch eine freistehende Pergola vor dem Haus aufbauen, ohne dass diese mit dem Gebäude verbunden wäre. Je nach Stadium der Begrünung kann das jedoch Räumen im Erdgeschoss etwas Sonnenlicht nehmen – im Winter sogar trotz fehlender Blätter. Das muss einem bewusst sein. Im Sommer ist so eine „Blätter-Markise“ willkommener Sonnenschutz. Auf Seite 76 findest du weitere Beispiele.

Nachträglich gespannte Edelstahlseile überbrücken die Holzbalkone, sodass sich die Akebie (*Akebia quinata*) in die Höhe schlingen kann.

FEATURE

VORURTEILE UND ECHTE GEFAHREN

Eine Kletter-Hortensie und die Ramblerrose 'Kiftsgate' bilden hier eine hübsche Kombination. Jedoch ist der Einsatz der Hortensie hier nicht optimal: Ihre Triebe neigen dazu, in die Spalten der Holzverschalung zu wachsen.

Wir lieben üppig bewachsene Hauswände in romantischen Filmen und auf Urlaubspostkarten, im echten Leben unterstellen wir den Kletterpflanzen aber manchmal allerlei Böses. Im Folgenden nehmen wir die Vorurteile und Unsicherheiten genauer unter die Lupe.

Machen Efeu und Co. die Wand kaputt?

Zwei der bekanntesten Kletterpflanzen sind ohne Zweifel Efeu (*Hedera helix*, Seite 78) und Wilder Wein (*Parthenocissus*). Die beiden Selbstklimmer haben – wie alle Selbstklimmer übrigens – eine Besonderheit, die ihnen den Ruf von „zerstörerischem Verhalten" eingebracht hat. Sie bilden lichtfliehende Triebe aus: Die Pflanzen suchen also nicht nur den Weg zum Licht, sondern auch ins Dunkle. Diese Eigenschaft nennt man negativer Phototropismus (siehe Kasten).

Das bedeutet in der Praxis, dass diese Kletterpflanzen in jeden Riss und jede Spalte an einer Fassade hineinwachsen werden. Durch das einsetzende Dickenwachstum wird der ehemals haarfeine Riss immer größer.

Auf der anderen Seite ist insbesondere der Efeu ein hervorragender Fassadenschutz – wenn die Fassade intakt ist und keine, auch keine feinen Risse aufweist. Er hilft sogar dabei, Rissbildung zu verhindern. Denn er verschattet die Fassade und puffert die für den Sommer typischen, teils extrem schnellen Temperaturschwankungen ab, die für Risse im Putz verantwortlich sein können. Nicht nur Risse im Putz, auch andere Spalten suchen sich die Selbstklimmer. Wenn in der Fassade Lüftungsschlitze oder Rollladenkästen eingebaut sind, muss man abwägen, ob man das ab und zu notwendige Herausziehen und Abschneiden der Triebe in Kauf nehmen möchte. Im Gegenzug wird man mit den vielen Vorteilen der Fassadenbegrünung belohnt.

Zusammenfassend kann man sagen, dass bei einer intakten Fassade Selbstklimmer keineswegs den Putz kaputt machen, sondern ihn im Gegenteil eher schützen. Für Fassaden, an denen sich bereits Risse gebildet haben, sind Selbstklimmer nicht geeignet.

NEGATIVER PHOTOTROPISMUS

Manche Kletterpflanzen bilden lichtfliehende Triebe aus, um sich an natürlichen Standorten zu verankern und dann weiter nach oben zum Licht zu wachsen. Diese Eigenschaft haben alle Selbstklimmer. Schlingpflanzen, Spreizklimmer und Ranker weisen diese Eigenschaft nicht auf – bis auf zwei Ausnahmen: Der Blauregen (*Wisteria sinensis, W. floribunda*) und das Immergrüne Geißblatt (*Lonicera henryi*) sind ebenfalls negativ phototrop. Was bedeutet dies für die Fassadenbegrünung? Fassaden mit vorgehängten Fassadenplatten haben Fugen und eine Hinterlüftung. Die Hinterlüftung ist notwendig, damit die Wärmedämmung, die feucht werden kann, wieder trocknet. Die Pflanzen wachsen in die dunklen Spalten hinein, um sich zu verankern. Dadurch wird die Luftzirkulation der Hinterlüftung behindert und somit kann die Wärmedämmung nicht trocken, also auch nicht mehr gut dämmen.

FEATURE

Könnte ein Blauregen das Fallrohr „erwürgen“?

Und wie! Der Blauregen (*Wisteria sinensis* und *W. floribunda*) ist da gnadenlos. Seine mehr als 1 m langen Triebe „kreisen“ durch die Luft, bis sie ein Objekt erreichen, das sie umschlingen können. Und wenn sie das Fallrohr erwischen, dann nehmen sie eben dieses. Das „Würgen“ entsteht durch das schnelle Dickenwachstum der Triebe. Auf diese Weise wird auch schon mal eine Regenrinne vom Dachrand weggedrückt oder ein Rollladenkasten blockiert. In den Rollladenkasten wächst der Blauregen übrigens auch deshalb hinein, weil er wie gesagt lichtfliehende Triebe bildet.

Also aus der Traum von einer Fassade wie von einem englischen Herrenhaus, über und über mit blauen Blütentrauben geschmückt? Jein. Wenn man mit der Pflege hinterher ist, kann es gelingen. Man muss entweder bei der Pflanzung von vornherein genug Abstand zu Fallrohren einhalten oder aber die jungen Triebe regelmäßig vom Fallrohr wegziehen und abschneiden, und zwar bevor sie verholzen. Auch wenn der Blauregen schnell wächst, er ist nicht so schnell, als dass man Schäden nicht verhindern könnte. Man muss nur dranbleiben und aufpassen. Lohn ist ein Blütenmeer.

Und der Blauregen kann (bedauerlicherweise) noch mehr! Beliebt, aber leider folgenschwer ist der Versuch, ihn an Edelstahlseilen emporzuleiten. Die zunächst junge Pflanze windet sich also erst um das Drahtseil, aber schon nach wenigen Jahren wird das Drahtseil durch das Dickenwachstum nach außen gedrängt – jetzt windet sich das Drahtseil um die Pflanze. Dadurch wird der Weg des Seiles vom unteren zum oberen Befestigungspunkt deutlich verlängert, das ursprünglich straff gespannte Seil gibt aber nicht nach. Die Folge ist, dass die Befestigungen samt Dübeln aus der Wand gezogen werden und die Pflanze herunterstürzt. Zurück bleiben recht große Krater an der Fassade, mit allen negativen Begleiterscheinungen bezüglich Optik und Wärmebrücken. Wie man es richtig macht mit dem Blauregen, erfährst du auf Seite 79.

Der Blauregen kann durch sein starkes Dickenwachstum Fallrohre zerstören.

Der Efeu wurde über die Jahre immer schwerer. Da die Alters-Triebe keine Haftwurzeln mehr ausbilden, stürzten diese zu Boden und rissen den Rest mit.

Wenn das Gewicht zunimmt …

Wenn Pflanzen sich am Standort etablieren und wachsen, kann das Pflanzenmaterial einiges an Gewicht auf die Waage bringen. Damit Efeu nicht durch das eigene Gewicht wie ein großer Vorhang von der Wand fällt, kann er durch waagerecht gespannte Drahtseile gesichert werden. In der sogenannten Altersform, also wenn alte Triebe immer weiterwachsen, bildet Efeu nämlich keine Haftwurzeln mehr aus. Und die alten Haftwurzeln, die die Pflanze bisher an der Wand festgehalten haben, werden durch das Dickenwachstum der Triebe von der Wand abgelöst. Die stark verzweigten Triebe der Altersform könnten somit Halt in den Drahtseilen finden. Da Efeu im Alter eine mächtige Schichtdicke ausbildet, ist es auch empfehlenswert, ihn zurückzuschneiden, um das Gewicht zu reduzieren. Auch der Wilde Wein könnte sich, wenn starke Windböen an einer alten, schweren Pflanze zerren, von der Fassade lösen.

„Gewichtsprobleme", insbesondere im Zusammenhang mit Windböen, betreffen aber auch Gerüstkletterpflanzen – besonders, wenn sie nur an einem Seil schlingen. Wenn Kletterpflanze und Kletterhilfe nicht zusammenpassen, können große Pflanzenmassen theoretisch die Verankerung aus der Wand lösen. Dagegen hilft regelmäßige Pflege, also das Zurückschneiden der Pflanze. Oder wenn möglich könnte man ein weiteres Seil zur Ergänzung montieren.

FEATURE

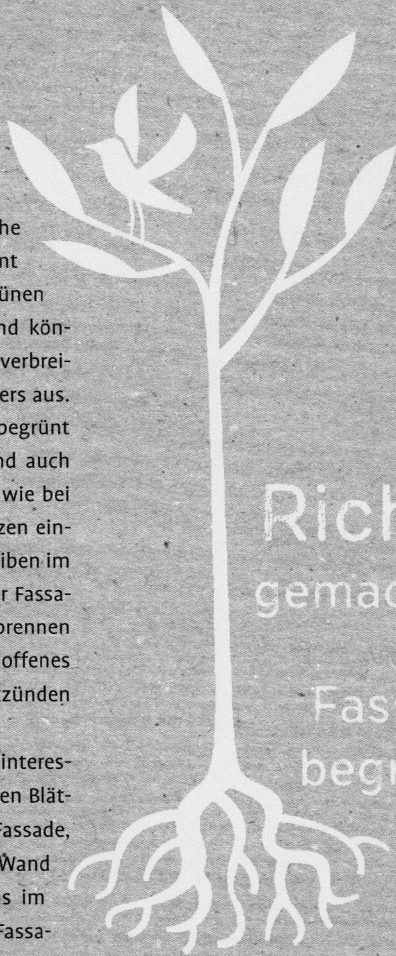

Brandgefahr bei Efeu?

Die Blätter des Efeus enthalten ätherische Öle, die leicht entflammbar sind. Kommt es zu einem Hausbrand, brennen die grünen Blätter anderer Kletterpflanzen kaum und können den Brand nicht an der Fassade weiterverbreiten. Beim Efeu sieht das leider etwas anders aus. Wenn Efeu schon einige Jahre die Fassade begrünt und ein dicker „Pelz“ entstanden ist, sind auch abgestorbene Blätter darunter, die nicht wie bei sommergrünen, filigraneren Kletterpflanzen einfach auf den Boden fallen können. Sie bleiben im Wust von Haftwurzeln und Trieben an der Fassade hängen – und diese trockenen Blätter brennen wie Zunder. Das bedeutet, dass man kein offenes Feuer in der Nähe von Efeu-Fassaden entzünden sollte.

Daraus lässt sich aber noch eine weitere interessante Tatsache ableiten: Die abgestorbenen Blätter bleiben teils jahrzehntelang an der Fassade, ohne zu verrotten. Das zeigt, dass die Wand hinter dem Efeu extrem trocken ist, was im Umkehrschluss einen ausgezeichneten Fassadenschutz bedeutet.

Richtig gemacht hat Fassadenbegrünung viele Vorteile!

Man kann sich vorstellen, dass die kräftigen Haftwurzeln des Efeus ...

Bye bye Fassadengrün

Ein Selbstklimmer ist ein Freund fürs Leben. Ihn wieder von der Fassade zu entfernen, ist keine gute Idee. Denn das ist kaum ohne Schäden möglich: Die Haftwurzeln oder Haftscheiben sitzen bombig fest. Eher reißen die Triebe von den Haftorganen ab und letztere bleiben als Sprengsel auf der Fassade leider gut sichtbar. Die Fassade müsste sicherlich neu verputzt und gestrichen werden.

Man kann es auch anders herum betrachten: Die Fassade wird durch die Selbstklimmer gut geschützt, wenn sie vor der Begrünung keine Schäden aufwies. Für Tiere ist sie wichtiger Lebensraum. Warum sollte das grüne Kleid weichen?

Schlinger und Ranker an einem Rankgerüst kann man leichter entfernen, da die Pflanzen an sich mit der Fassade nicht verbunden sind. Wohl aber die Gerüste! Die müssten, sofern sie keine schmückende Funktion einnehmen und bleiben können, entfernt werden. Zurück bleiben große Dübellöcher, die verspachtelt und möglichst unsichtbar ausgebessert werden müssen.

Das Ablösen von Kletterpflanzen an Spalieren und eine Neupflanzung, zum Beispiel mit Arten, die besser zum Standort passen, funktioniert aber zumeist tadellos. Auch ein Rückschnitt ist eine bedenkenswerte Option. Viele Kletterpflanzen treiben dann willig und frisch wieder aus und erobern ihr Gerüst aufs Neue.

... beim Entfernen diese Spuren an einer Fassade zurücklassen.

FEATURE

BEGRÜNTE WÄNDE MIT SCHUMMELFAKTOR

Wenn weder das Anbohren der Fassade noch das Erweitern vorhandener Strukturen, wie zum Beispiel das Verbinden von Balkongeländern (Seite 68), für dich infrage kommen, kannst du noch auf fertige Systeme aus dem Gartenmarkt zurückgreifen. Dabei handelt es sich um Pflanztröge mit integrierter Kletterhilfe. Vor eine Wand gestellt, entsteht der Eindruck, dass die Kletterpflanze an einem Spalier an der Wand emporrankt. In Wirklichkeit berührt sie die Wand gar nicht und letztlich bleibt die Pflanzung mobil – eine gute Variante für Balkonbesitzer und Mieter.

Auf Balkonen muss man natürlich beachten, dass der massive Pflanztrog die vorgeschriebene Absturzhöhe des Balkongeländers überbrücken kann. Sprich, steht der Kasten dicht am Geländer und stellt sich ein Kind darauf, ist das Geländer nicht mehr ausreichend hoch. Besser ist daher, den Kasten an der geländerabgewandten Wand zu platzieren.

Kräutergarten mal anders: Hier wachsen Petersilie, Minze und Co. in einem vertikalen Garten. Die Pflanztaschen erinnern an ein überdimensionales Utensilo.

Selbermacher nähen sich eine Pflanztasche aus Jute. In die Schlaufen oben kommt ein Stock oder wie hier ein Kochlöffel. Mit einer Schnur daran kann man den Mini-Kräutergarten aufhängen.

An zwei gegeneinandergeschraubte Europaletten wurden Blumentopfhalter aus Metall befestigt – Töpfe rein, fertig ist die mobile Begrünung.

Es gibt auch schon komplett bepflanzte Kästen mit integriertem Rankgitter, was sofortigen Wind- und Sichtschutz bedeutet. Allerdings sind diese recht teuer in der Anschaffung, aber mit „billigen" Pflanzen, oft Efeu, bepflanzt und somit leicht trostlos. In puncto „Zack und fertig!" sind sie aber nicht zu schlagen.

Modern und clean mutet diese Kletterhilfe an. Wer hätte gedacht, dass dafür ein alter Lattenrost wiederverwendet wurde?

DIE BELIEBTESTEN KLETTERPFLANZEN

EFEU

Hedera helix

Immergrüne, anfangs langsam wachsende Kletterpflanze, wächst auch als Bodendecker in schattigen Bereichen. Wird eine senkrechte Fläche entdeckt, werden Haftwurzeln zum Klettern ausgebildet. Bildet lichtfliehende Triebe (negativer Phototropismus, Seite 71) aus, um sich in Ritzen und Spalten zu verankern. Alle Pflanzenbestandteile sind giftig, besonders die Beeren. Blüht und fruchtet erst nach 10–15 Jahren, dann gute Bienenweide und Vogelnährgehölz. Die Altersform des Efeus (Arborescens) entwickelt sich mit der Fruchtreife und bildet keine Haftwurzeln mehr aus, sondern wächst buschig, die Blätter werden oval-spitz. Bei der Altersform können waagerecht gespannte Edelstahlseile zur Sicherung gegen das Herunterstürzen sinnvoll sein.

Wuchshöhe → 25 m

Wuchsbreite → 15 m

Wuchsgeschwindigkeit → anfangs langsam, dann etwa 1 m/Jahr

Klettertyp → Selbstklimmer

Kletterhilfe → in jungen Jahren nicht nötig, bildet Haftwurzeln; Edelstahlseile zur Sicherung der Altersform sinnvoll

Standort → schattig

Geeignet für → Nord- und Westfassaden, große Flächen mit wenig Fenstern oder Lüftungsschlitzen, Gartenmauern im Schatten, als Bodendecker im Schatten. Nicht geeignet für Fassaden mit Rissen, bröckelnden Mörtelfugen oder losem Putz, für Wärmedämmverbundsysteme und hinterlüftete Fassaden. Nicht geeignet in der Nähe von offenen Feuerstellen: Aufgrund ätherischer Öle in den Blättern und trockener Blätter, die in Trieben hängen bleiben, besteht Brandgefahr.

Besondere Pluspunkte → Bienenweide spät im Herbst, Nistmöglichkeiten für Vögel und Insekten, Beeren für Vögel im Winter. Fassadenschutz vor extremen Temperaturunterschieden in kurzer Zeit (Rissbildung), hält im Sommer die Fassade kühl durch Verschattung und Verdunstung, die Wärmespeicherung und -abstrahlung wird reduziert.

BLAUREGEN

Wisteria sinensis, W. floribunda

Extrem starkwüchsige Schlingpflanze mit enormem Dickenwachstum der Triebe. Die Triebe werden über 1 m lang, rotieren durch die Luft auf der Suche nach einem Gegenstand zum Umschlingen. Bildet lichtfliehende Triebe (negativer Phototropismus, Seite 71) aus, um sich in Ritzen und Spalten zu verankern, was ansonsten für Schlinger untypisch ist. Alle Pflanzenbestandteile sind giftig, besonders die Samen und Hülsen.

Wuchshöhe → *W. sinensis* 30 m, *W. floribunda* 10 m

Wuchsbreite → 15 m

Wuchsgeschwindigkeit → im ersten Jahr langsam, dann etwa 2 m/Jahr

Klettertyp → Schlinger

Kletterhilfe → senkrechte Metallrohre bis 3 cm Durchmesser, Abstand zueinander etwa 60 cm, etwa 20 cm Abstand zur Fassade, eventuell zusätzlich waagerechte Verbindungen aus Metallrohren oder -stäben zur seitlichen Ausbreitung, Abstand zueinander etwa 40 cm, oder Gitter aus glasfaserverstärktem Kunststoff (GFK) im Raster von ungefähr 60 × 40 cm

Standort → sonnig, *W. floribunda* auch halbschattig

Geeignet für → Blütenreicher Fassadenschmuck für kräftige Kletterhilfe, bis zu 30 cm lange Blütentrauben im Mai vor dem Blattaustrieb.
Bei zusätzlichen waagerechten Kletterhilfen flächendeckende Begrünung, an den waagerechten Trieben werden die meisten Blüten angesetzt. Balkonstützen und -geländer, Pergolen und Spaliere können als Kletterhilfe dienen. Nicht geeignet für Seile, da durch das Dickenwachstum das Seil nach außen um den Trieb gedrängt wird und Halterungen aus der Fassade reißen könnten.

Besondere Pluspunkte → Eindrucksvolle Blütenpracht. Insektennährgehölz, Nistmöglichkeiten für Vögel und Insekten. Fassadenschutz vor extremen Temperaturunterschieden in kurzer Zeit (Rissbildung), hält im Sommer die Fassade kühl durch Verschattung und Verdunstung, die Wärmespeicherung und -abstrahlung wird reduziert.

GEWÖHNLICHE WALDREBE

Clematis vitalba

Heimische Kletterpflanze. Ihre berührungsempfindlichen und krümmungsfähigen Blattstiele suchen Halt an Zweigen von Bäumen und Sträuchern am Waldrand. Der Fuß der Pflanze muss, wie beim natürlichen Vorkommen, im Schatten sein, während der obere Teil sehr sonnenhungrig ist.

Wuchshöhe → 15 m

Wuchsbreite → 8 m

Wuchsgeschwindigkeit → etwa 4 m/Jahr

Klettertyp → Blattstielranker

Kletterhilfe → Gitter mit einem Raster von 40 × 20 cm und 15 cm Abstand zur Fassade, Edelstahl-Drahtgitter, Edelstahlseile, Gitter aus glasfaserverstärktem Kunststoff (GFK)

Standort → oben sonnig, Fuß schattig

Geeignet für → flächendeckende Begrünung an Fassaden, leichtere und weniger aufwendige Kletterhilfe möglich, für (Balkon-)Geländer, Pergolen, Spaliere, Zäune

Besondere Pluspunkte → Blüte eher zurückhaltend, aber auffallende filigrane Samenstände. Kräftiger Rückschnitt möglich bis 20–60 cm über dem Boden oder ein Stammgerüst durch entsprechendes jährliches Einkürzen und Auslichten aufbauen. Insektennährgehölz. Hält im Sommer die Fassade kühl durch Verschattung und Verdunstung, die Wärmespeicherung und -abstrahlung wird reduziert.

WINTER-JASMIN

Jasminum nudiflorum

Ohne waagerechte und senkrechte Kletterhilfe liegt die Pflanze auf dem Boden, da sie keine aufrechte Krone bildet. Deswegen kann die vielseitige Pflanze auch als Bodendecker zum Beispiel Böschungen befestigen. Sie klettert, indem sie sich mit ihren langen sparrigen Trieben in natürlichen Strukturen oder bereitgestellten Gittern verhakt. Als Schutz vor Frostschäden öffnen sich nicht alle Blüten gleichzeitig, sondern nacheinander, weshalb die Blütezeit von Dezember bis April dauern kann.

Wuchshöhe → 4 m

Wuchsbreite → 3 m

Wuchsgeschwindigkeit → etwa 60 cm/Jahr

Klettertyp → Spreizklimmer, keine speziellen Kletterorgane

Kletterhilfe → Gitter mit Raster von 60 × 40 cm und 15 cm Abstand zur Fassade, Edelstahl-Drahtgitter, Edelstahlseile, Gitter aus glasfaserverstärktem Kunststoff (GFK)

Standort → sonnig

Geeignet für → Fassaden, im Pflanztrog auf Balkonen, als stark überhängende Begrünung von Pergolen, für Spaliere, Zäune, auch als Bodenbefestigung an Böschungen und Bodendecker

Besondere Pluspunkte → Erste Bienenweide im Jahr. Bei milden Wintern Blüten schon im Dezember, spätestens jedoch im Februar bis Ende April. Einziger echter Jasmin (*Jasminum*), der winterhart ist und in unseren Breiten wächst. Kann wie die Forsythie vor dem Aufblühen geschnitten und in Blumenvasen gestellt werden, blühen bei Zimmertemperaturen nach wenigen Tagen.

FEATURE

WAS KLETTERPFLANZEN NOCH KÖNNEN

Der Efeu präsentiert sich hier als dichter Bodendecker zwischen Farnen.

Kletterpflanzen begrünen und verschönern klassischerweise Hauswände oder auch freistehende Rankgerüste und Pergolen. Ihre optische Funktion konzentriert sich also meist auf eine gewisse Flächenwirkung und auf die Senkrechte. Aber diese Gewächse können noch mehr.

Schauen wir in die Natur: Dann wird eine Kletterpflanze, die noch keinen Baum zum Heraufklettern gefunden hat, zum Bodendecker. Und wenn der Bodendecker an einem Geländesprung

Die Jungfernrebe hält sich als Selbstklimmer an diesem alten Metallgestell fest und zeichnet es akkurat nach.

Links: Der Winter-Jasmin strebt hier nicht in einer Kletterhilfe verhakt nach oben, sondern hängt malerisch über eine Mauer.

angekommen ist, schickt er seine Triebe über Felsen und Böschungen nach unten. Wahre Wandlungskünstler eben – und das kann man sich im Garten zunutze machen: ob als Bodendecker für grün-in-grüne Pflanzenkombinationen im Halbschatten, malerisch über Mauern herabhängend oder filigranere Strukturen nachzeichnend. In letzterem Fall muss man mit der Schere nachhelfen, damit Geländer und Torbögen so prägnant umhüllt werden.

DÄCHER BEGRÜNEN

Den Traum, in einem Haus mit begrüntem Dach zu leben, auf dem es blüht und summt, wo man vielleicht sogar grillen und chillen kann, träumen viele. Gerade in Städten mit enormen Grundstückspreisen wird immer öfter gemeinsam gebaut. Es entstehen neue Bau- und Wohnformen, die die Gebäudebegrünung als festen Bestandteil des Wohnens sehen. Auf kleinen und großen Dächern entstehen auf diese Weise zusätzliche Lebensräume.

GRÜNE DÄCHER VOM FACHMANN

Die Dachbegrünung von Häusern ist etwas für Profis. Planst du einen Hausbau oder -anbau, ein Gartenhaus, eine Werkstatt oder Garage, dann ist es wichtig, die Dachbegrünung von Anfang an mit einzuplanen und alle beteiligten Planer und Gewerke einzubeziehen.

> **ZAHLEN & FAKTEN**
>
> Fachgerecht ausgeführte Begrünungen schützen das Flachdach. Eine Dachbegrünung lässt ein Flachdach ungefähr doppelt so lang halten wie ein ungeschütztes, mit Kies bedecktes Flachdach, wie es häufig auf Garagen zu finden ist.

Experten ziehen an einem Strang

Nicht nur Dachbegrünungsspezialisten sind bei bepflanzten Dächern involviert, sondern auch weitere Fachfirmen haben ihren Anteil. Der Heizung-Wasser-Sanitär-Planer muss beispielsweise wissen, dass es eine Dachbegrünung geben soll. Denn für eine intensive Dachbegrünung ist die (automatische) Bewässerung zwingend notwendig und aus Brandschutzgründen sogar vorgeschrieben.

Auch für eine extensive Dachbegrünung ist ein Wasseranschluss auf dem Dach empfehlenswert – schon allein wegen der immer länger währenden Trockenperioden im Sommer, die selbst den Sukkulenten zu schaffen machen. Und wer will schon Gießkannen durch seine Wohnräume schleppen oder einen Schlauch hindurch legen?

Auch wie komfortabel das Dach zur Pflege und Wartung erreicht werden kann, muss frühzeitig durchdacht werden. Eventuell soll das Dach auch gar nicht nur zur Pflege erreichbar sein, sondern auch als Erholungsort dienen, möglicherweise sogar mit der Option zum Gärtnern auf dem Dach. So ist es verständlicherweise sehr wichtig, dass der Statiker die Dachlast dementsprechend berechnet. Es macht einen erheblichen Unterschied bei den Anforderungen an die Statik, ob es eine leichte extensive Dachbegrünung mit einem geringen Bodenaufbau werden soll, die ich in der Regel nur durch ein Fenster betrachte, oder ob es sich um eine intensive Begrünung handelt mit höherem Bodenaufbau für Sträucher oder gar Bäume und sich auch mal mehrere Personen gleichzeitig dort aufhalten.

Merkmale einer intensiven Dachbegrünung sind eine höhere Substratschicht, ein hoher Pflegebedarf – und es sieht fast wie ein richtiger Garten aus.

Die extensive Dachbegrünung wirkt karger, eher teppichartig und ist leichter zu pflegen als eine intensive Dachbegrünung.

Extensive und intensive Begrünung

Eine extensive Dachbegrünung ist durch eine Substratstärke von maximal 15 cm Höhe und eine geringe Pflanzenauswahl gekennzeichnet, das Substrat ist nährstoffarm und durchlässig; die Fläche wird nur für gelegentliche Wartungs- und Pflegearbeiten betreten.

Von einer intensiven Dachbegrünung spricht man, wenn man quasi einen richtigen Garten auf dem Dach hat, den man regelmäßig für Aufenthalte nutzt. Das hat eine dickere Substratschicht, eine größere Pflanzenauswahl und höhere Gewichte, die auf dem Dach ruhen, zur Folge.

ZAHLEN & FAKTEN

Intensive Dachbegrünungen mit höheren Substratschichten und größeren Pflanzen, wie zum Beispiel Gehölzen, werden noch nicht so oft realisiert. Der Anteil liegt seit einigen Jahren bei etwa 20 % der begrünten Häuser in Deutschland. Diese sind meist auf Gebäuden des Gewerbes oder des Geschosswohnungsbaus zu finden. Demnach macht die extensive Dachbegrünung ungefähr 80 % der Dachbegrünungen aus.

Aufbau einer Dachbegrünung

Unterschiedliche Höhen des Bodenaufbaus haben unterschiedliche Anschlusshöhen an Fassade, Türen und Attika (das ist die hochgezogene Einfassung am Dachrand) zur Folge. Das Flachdach mit Dachbegrünung ist zudem so etwas wie eine Wanne, in die es hineinregnet und -schneit. Es muss also eine ausreichend bemessene Entwässerung eingeplant werden, damit nicht über die Terrassentür das Haus geflutet wird. Dazu gehört auch eine passende Dachabdichtung, die in den meisten Fällen wurzelfest ist oder durch eine separate Wurzelschutzfolie ergänzt wird, denn selbstverständlich muss das Dach dicht sein und stets dicht bleiben. Dann folgen die Dränage und das Dachgartensubstrat.

Wenig überraschend ist, dass man ein Geländer auf einem zur Erholung und zum Gärtnern genutzten Dach braucht. Eine extensive Dachbegrünung, die nicht vom Besitzer, sondern von Fachfirmen-Personal für die erforderliche Pflege und Kontrolle begangen wird, braucht nicht unbedingt ein Geländer, aber eine Absturzsicherung aus Stahlseilen, in die sich die Dachgärtner mit ihren Gurten einhaken.

ZAHLEN & FAKTEN

Bei der extensiven Dachbegrünung muss für eine Substratschicht von nur 5–15 cm ein zusätzliches Gewicht von 50–190 kg pro Quadratmeter vorgesehen werden. Bei einer intensiven Dachbegrünung gibt es nach oben keine Grenzen – man denke nur an Großbäume auf Tiefgaragen.

Jedes zusätzliche Gewächs macht einen Unterschied.

Grüner wird's nicht: Mit dem Grasdach wurden die Gebäude völlig in die Umgebung integriert – oder versteckt?

#machsnachhaltig

MIT BAUSATZ: EINE GARAGE EXTENSIV BEGRÜNEN

Es gibt vier Voraussetzungen, unter denen man sich an das Begrünen eines Gebäudes selber wagen kann:

- **Es handelt sich um ein Nebengebäude mit überschaubarer Dachfläche, zum Beispiel eine Garage.**
- **Es ist ein Flach- oder leicht geneigtes Schrägdach.**
- **Auf dem Dach befindet sich bereits eine Kiesfläche. In manchen Regionen kommt das recht häufig vor, in anderen ist es eher untypisch.**
- **Die Dachbegrünung wird mithilfe einer Art Bausatz umgesetzt.**

Der große Vorteil bei der Umwandlung eines Kiesdachs zu einem extensiv begrünten Dach ist, dass die Statik des Gebäudes bereits hinsichtlich der schweren Kiesfläche berechnet wurde. Würde man eine Garage, die momentan mit Dachschindeln, Dachpappe oder Blech gedeckt ist, begrünen wollen, müsste die Statik neu berechnet und aller Wahrscheinlichkeit nach größere Umbauarbeiten in Angriff genommen werden – das wird in der Praxis wohl niemand tun.

ZAHLEN & FAKTEN

Es gibt Fertig-Garagen, die bereits zur Begrünung vorbereitet sind und deren Statik passend ausgelegt ist.

Gut vorbereitet

Bei einem Kiesdach sind schon viele Voraussetzungen geschaffen, die für ein extensiv begrüntes Flachdach benutzt werden können. Der Kies ist genauso schwer wie die geplante extensive Dachbegrünung. Die Aufkantungen am Dachrand können gleich für das Pflanzsubstrat genutzt werden

Das Dach ist vorbereitet: Ringsherum verläuft eine Aufkantung und in der Mitte ist das Substrat, sauber getrennt vom umlaufenden Kiesstreifen, aufgebracht.

Nach dem Einsäen heißt es warten und wässern, bis das Dach nicht mehr grau, sondern grün ist. Hier hat man sich für eine Begrünung mit Sedum entschieden.

und verhindern, dass es vom Dach rutscht. Das Regenwasser wird bereits durch den Dachablauf gezielt abgeleitet. Statik und Entwässerung sind also geklärt!
Im Internet kann man Materialien und Pflanzen für extensive Dachbegrünungen als Komplettset bestellen (Adressen ab Seite 124).

So geht's:

1. Den Kies vom Dach entfernen und gut abfegen. Das Dach muss unbedingt frei von scharfkantigen Steinen sein, damit die daraufkommende Folie nicht aufgeschlitzt werden kann.
2. Die Wurzelschutzfolie aufbringen. Anders als der Name vermuten lässt, sollen nicht die Wurzeln der Dachpflanzen geschützt werden, sondern das Bauwerk. Wenn du die einzelnen Bahnen der Wurzelschutzfolie mit einer Überlappung von 1,50 m verlegst, ist es nicht erforderlich, dass Fachleute sie verkleben oder verschweißen. Am Rand wird sie bis auf die Höhe der umlaufenden Aufkantung hochgezogen.
3. Über dem Dachablauf eine Öffnung in die Wurzelschutzfolie schneiden, und zwar genauso groß, wie der Durchmesser des Dachablaufes ist.
4. Sicherheitshalber noch einmal abfegen. Kleine Steinchen, die mit dem Profil der Schuhe auf die Wurzelschutzfolie gelangt sind, entfernen.
5. Weil während der nächsten Arbeitsschritte weiterhin auf dem Dach gelaufen wird, ein sogenanntes hochreißfestes, durchdringungssicheres Schutzvlies mit 10 cm Überlappung auf die Wurzelschutzfolie legen und am Rand ein paar Zentimeter nach oben führen. Auch dieses Schutzvlies über dem Dachablauf freischneiden.

6 Eine Dränschicht aufbringen. Entweder ein Dränsubstrat aufschütten (das sieht ein bisschen wie das Substrat für Hydrokultur aus) oder Noppenplatten verlegen. In den Noppenplatten kann sich etwas Wasser sammeln, das den Pflanzen dann länger zur Verfügung steht. Die Dränschicht wird bis zur Aufkantung verlegt, also auch unter einen eventuellen Kiesstreifen am Rand, falls die Begrünung nicht bis zur Dachkante reichen soll.

7 Die Dränschicht funktioniert nur dann einwandfrei, wenn sie von den Feinteilen aus dem Substrat und verrotteten Pflanzenteilen freigehalten wird. Ein Zusetzen der Dränschicht mit Feinteilen würde Staunässe und mehr Gewicht auf dem Dach bedeuten – das gilt es unbedingt zu vermeiden. Zu diesem Zweck gibt es das Filtervlies im Dachbegrünungsset. Es wird vollflächig auf der Dränschicht mit etwa 10 cm Überlappung bis zur Aufkantung verlegt. Am Rand nach oben ziehen.

8 Wenn du dich bei der Pflege später leichter tun willst, kannst du einen 20–30 cm breiten Kiesstreifen am Dachrand einplanen. Dazu entweder erst den Kies anfüllen und dann das Dachsubstrat bis direkt an den Kies heran füllen oder du trennst Kies und Substrat mit einer sogenannten Kiesleiste. Innen füllst du das Dachgartensubstrat hinein, außen herum den Kies.

9 Für spätere Kontrollen und eventuelle Reinigungsarbeiten im Abfluss den Kontrollschacht über den Dachablauf einsetzen. Der Kontrollschacht wird mit einem Kiesstreifen umgeben, damit das Dachsubstrat nicht hineinfällt, wenn du zur Kontrolle des Abflusses den Deckel abnimmst.

10 Das Dachgartensubstrat anfüllen. Dabei das Filtervlies nicht verschieben! Das Substrat mit einem Rechen gleichmäßig verteilen; die Füllhöhe sollte etwa 6–8 cm betragen.

11 Jetzt kommen die Pflanzen: Du kannst aussäen, pflanzen oder Sprossen, zum Beispiel von *Sedum*, gleichmäßig verteilen und leicht einharken. Anschließend wässern.

12 Bis zum Keimen und Anwurzeln muss das Substrat durchgehend feucht gehalten werden. Die jungen Keimlinge vertrocknen sehr schnell.

ZAHLEN & FAKTEN

Möchtest du Flachballenstauden verwenden, benötigst du etwa 15 Stück pro Quadratmeter bepflanzte Dachfläche.

Du bist nicht allein

Auch wenn es „nur“ ein Garagendach ist, solltest du nicht allein arbeiten. Man muss nicht gleich das Schlimmste annehmen, aber das Arbeiten in luftiger Höhe ist nicht ganz ungefährlich. Räume alles weg, was du nicht unbedingt brauchst, damit du nicht darüber stolperst. Im Falle eines Falles sollte aber immer jemand da sein, der Hilfe holen kann. Außerdem gehen alle Arbeiten zu zweit leichter von der Hand.

Auch geneigte Dächer lassen sich begrünen. Ein Metallwinkel mit Schlitzen hält das Dachgartensubstrat auf dem Dach und lässt das Wasser ablaufen.

Ganz schön schräg: Spezialfall Dachschräge

Nicht nur das Flachdach einer Garage oder eines Schuppens kannst du mit einem Dachbegrünungsset aufwerten. Auch eine flache Neigung von weniger als 15 Grad ist zur Selbstbegrünung mit einem Bausatz geeignet. Hier bieten die Systemhersteller alles, was dafür notwendig ist. Wichtig ist jedoch, dass du angibst, in welche Himmelsrichtung das Dach geneigt und ob es durch andere Gebäude oder Bäume verschattet ist. Für die Pflanzen ergeben sich dadurch grundverschiedene Lebensbedingungen und danach richtet sich die richtige Artenauswahl. Ist das Dach schräger als 15 Grad, müssen unbedingt Profis ran.

WAS GEHT NOCH?

Mit jedem Pflänzchen, dass wir wachsen, blühen und fruchten lassen, erlauben wir dem Ökosystem Garten einen weiteren Mitbewohner. Wir können abwarten, was uns die Natur per Samen heranweht, oder wir pflanzen bzw. säen etwas gezielt – Hauptsache, mehr Vielfalt im Garten! Mal sehen, wo sich noch ein wenig mehr Grün unterbringen lässt.

WO EIN WILLE IST ...

... ist auch ein Lebensraum. Überall dort, wo die Bedingungen für Pflanzenwuchs gegeben sind, werden früher oder später Sämlinge auftauchen. Jetzt ist es an uns zu entscheiden, was wir damit tun: rausreißen, Gift draufschütten oder gewähren lassen.
Manchmal sendet uns die Natur recht hübsche Gesellen: Natternkopf, Gundermann oder Wiesen-Schaumkraut vielleicht. Oder aber wir helfen nach und pflanzen und säen, was wir mögen und was zum Standort passt. Das Wichtigste ist, dass Grünes und Blühendes im Garten, und ja, auch in der Stadt, zunimmt: für uns und für viele Insekten.

Winzige Lebensräume

Neue Lebensräume entstehen schon, wenn man den Garten nicht ganz so akribisch aufräumt, sondern man auch mal fünfe gerade sein lässt. Schon einzelne kleine Gartenbereiche leisten einen Beitrag. Der eine nennt es dann „naturbelassen", der andere vielleicht schon „ungepflegt" – egal!
Alte Terrassenplatten im hintersten Winkel aufgeschichtet, der Aushub von den Fundamenten der Pergola oder übrig gebliebener Sand in einer versteckten Ecke deponiert, ein Haufen aus Lesesteinen, eine breite Fuge im Pflaster, ein Riss in der Betonplatte, ein paar fehlende Pflastersteine, der Spalt zwischen Schuppenwand und Gehweg ... all diese Gartensituationen bieten Lebensraum!

Pflanzen ziehen ein ...

Viele Standorte können sich von allein begrünen. Allerdings braucht die spontane Pflanzenbesiedlung etwas Zeit. Wie viel Zeit richtet sich unter anderem danach, ob bereits Erde vorhanden ist oder erst Humus herangeweht oder durch Zersetzungsprozesse entstehen muss. Danach können Samen, die herangeweht oder aus der sogenannten Diasporenbank des Bodens (siehe Kasten) stammen, keimen.
Wer dem Zufall auf die Sprünge helfen will, kann mit Samentüten nachhelfen. Manchmal sind auch kleine Ballenpflanzen, wie sie für Trockenmauer-Bepflanzungen angeboten werden, das Mittel der Wahl.

... und Tiere folgen

Die an den neuen grünen Fleckchen hinzugewonnenen Pflanzen locken wiederum Insekten und andere Tiere an. Sie erwarten je nach Gusto Pollen und Nektar in den Blüten und saftige Blätter als Nahrung. Manche finden an und in den Pflanzen ihren Lebensmittelpunkt, wie Spinnen, die ihr Netz zwischen die Zweige spannen, oder Wildbienen, die in abgestorbenen hohlen oder markhaltigen Stängeln nisten.

Aber auch die unbelebten Strukturen locken Leben an! Bodennistende Wildbienen zum Beispiel können in Sandhaufen ein Zuhause finden, Holzkäfer machen sich über das Brennholz her und viele weitere Käfer, Kleinsäuger und Reptilien finden in den diversen Stapeln und Haufen Unterschlupf und Sonnenterrassen.

DIASPORENBANK

So bezeichnet man das natürliche Depot an Samen, Rhizomstückchen usw., das sich bereits im Boden befindet. Erst bei für sie günstigen Umweltbedingungen, vor allem hinsichtlich Licht und Feuchtigkeit, keimen und treiben sie.

BETON RAUS, LEBEN REIN

Hast du im Garten auch Bereiche, die du noch nicht ganz optimal findest? Eigentlich ist der Weg unnötig breit, die Einfassung mit den Beton-Kantensteinen stört beim Rasenmähen ... Oder überhaupt erscheint die einst am Küchentisch geplante gerade Wegeführung mit dem gleichmäßigen Fugenbild im echten Leben dann zu steif und starr und will zum Lebensgefühl des naturnahen Gärtners aus Leidenschaft nicht mehr so recht passen. Wenn es dir auch so geht: Herzlichen Glückwunsch! Hier hast du gleich gute Anknüpfungspunkte für das Integrieren von mehr Grün.

Dimensionen überdenken

Nicht selten neigen Gartenbesitzer dazu, bauliche Elemente überdimensioniert zu gestalten – so nach dem Motto: Wenn wir das schon machen, dann aber richtig und für alle Eventualitäten gewappnet. So sind breite Gartenwege, Treppen und Einfahrten sicher praktisch, bei genauerem Betrachten aus funktionaler und auch aus optischer Sicht jedoch zumeist zu viel des Guten. Große monotone Beton- oder Steinflächen tun weder dem Betrachter noch der Tier- und Pflanzenwelt gut. Es ist eine tote Fläche, die sich schnell aufheizt, die Wärme lange speichert und damit die nächtliche Abkühlung im Sommer behindert. Niederschlagswasser wird schnell oberflächig abgeleitet, im Winter kann die Fläche dagegen zur Eisplatte werden.

Ein Rückbau einer intakten versiegelten Fläche ist ein großer Kraftaufwand, das steht außer Frage. Besser man überlegt sich also vor dem Bau, welche Dimensionierung das nächste Bauprojekt realistischerweise tatsächlich haben muss. Brauchst du die breite gepflasterte Einfahrt, wie die der Nachbarn, wirklich oder genügen zwei Fahrspuren zur Garage? Muss ein breiter befestigter Weg durch den gesamten Garten laufen oder erfüllen einzelne Trittplatten, im angenehmen Schrittabstand voneinander entfernt ins Gras gebettet, oder Pfade aus Rindenmulch denselben Zweck? Es könnte eine Menge Grau gegen Grün umgetauscht werden! Verzichtet man auf flächigen Beton, wo es nur geht, entstehen mehr grüne Flächen mit unterschiedlichsten Lebensräumen im hausnahen Bereich. Diese Mini-Biotope tragen ihren Teil zu einem artenreichen Garten bei.

Schnelle Veränderung mit Kübelpflanzen

Bepflanzte Blumentöpfe, Kübel, Balkonkästen, auch alte Kochtöpfe, aus den Blüten wallen, ja selbst Badewannen und alte Möbelstücke sind eine tolle Möglichkeit, Grünes und Blühendes an

Der Spalt zwischen Einfahrt und Mauer genügt dem Sonnenhut (*Rudbeckia*) und ein paar Sommerblumen aus der Samentüte. Ohne die Blüher wäre dieser Ort ganz schön trostlos.

schwierige Standorte zu bringen. Unabhängig vom Zugang zum Erdboden und der Frage, ob dieser für die gewählte Pflanze überhaupt geeignet ist, kann man mit Kübelpflanzen das Repertoire an Pflanzen an einem Standort immens vergrößern.

Ein großer Vorteil ist, dass man die Optik einer Pflanzenkombination in Ruhe ausprobieren kann. Gefällt das Arrangement nicht oder gedeiht ein Gewächs am vorgesehenen Standort nicht, wie es sollte, ist alles rasch umgestellt.

Wichtig ist, dass die Gefäße frostfest sind, sofern man sich nicht auf einjährige Sommerblumen verlegt hat (ein paar Pflanzen-Vorschläge findest du auf Seite 28) und die Kübel in der kalten Jahreszeit sowieso in den Keller räumt.

Die Vielfalt profitiert

Kalkhaltig, sauer, durchlässig, nährstoffreich ... – jeder Kübel kann theoretisch ein anderes, auf seinen Bewohner genau abgestimmtes Substrat beherbergen. Eine kleine, konkurrenzschwache Lieblingspflanze, die im Garten optisch und auch im wahrsten Sinne des Wortes gnadenlos untergehen würde, ist ebenfalls eine gute Kandidatin für einen Kübel. Auch solch eine kleine Preziose erhöht die Artenvielfalt im Garten und kann eine ökologische Nische bieten (Seite 12).

HOCHBEETE UND KISTENGÄRTEN

Im städtischen Umfeld oder auch in ländlichen Gemeinden auf großen Einfahrten, in Innenhöfen und auf sonstigen versiegelten Flächen im ehemaligen Wirtschaftsbereich von Bauernhöfen braucht man Lösungen, wo Gärten auf Beton entstehen können. Das Entfernen der großen versiegelten Flächen ist oft derart kraft-, zeit- und kostenintensiv, dass viele davor zurückschrecken.

Urban Gardening

In der Stadt kommt häufig hinzu, dass die Option des Abrisses gar nicht zur Debatte steht. Manchmal werden zeitweilig ungenutzte Industrieflächen oder Parkplätze Initiativen von Gemeinschaftsgärtnern zur Zwischennutzung zur Verfügung gestellt – Dauer der Nutzungserlaubnis ungewiss. Daher müssen Ideen her, wie das Gärtnern mobil gestaltet werden kann und die versiegelten Flächen intakt bleiben.

Übrigens: Auch wenn dieser Trend Urban Gardening heißt, sind die Vorschläge natürlich auch fürs Rural Gardening, das Gärtnern auf dem Land, geeignet. Denn neben der funktionalen Notwendigkeit, aus der heraus sich das Gärtnern in Kisten und Kästen entwickelt hat, weist es auch eine sehr spezielle Ästhetik auf. Wer dies mag, kann es selbstverständlich auch dort praktizieren, wo Mobilität eigentlich keine Rolle spielt.

Klassische Hochbeete

Hochbeete, entweder fertig gekauft oder zum Beispiel aus Europaletten und Folie selbst gebaut, sind ideal fürs Urban Gardening. Sie machen dich vom Erdboden unabhängig. Egal, ob der Untergrund, auf dem du ein Beet anlegen möchtest, asphaltiert, betoniert oder gepflastert ist oder du vielleicht nicht sicher bist, ob die Erde mit Schadstoffen belastet ist – mit Hochbeeten kannst du auf jedem Untergrund eine grüne Oase schaffen. Die Bodentemperatur eines Hochbeets ist in der Regel 5 Grad wärmer als die eines bodenebenen Beets. Pflanzen gedeihen besonders prächtig.

Bäckerkisten und Co.

Aus Urban-Gardening-Projekten kennt man das Gärtnern in sogenannten Bäckerkisten aus Kunststoff. Bekannt aus der Bäckerei zur Auslieferung von Brot und Brötchen, gibt es sie auch unter den Namen Eurobehälter oder Eurobox im Baumarkt. Wichtig ist, dass man zu den Kisten mit durchbrochenen Wänden und Böden greift. Es gibt im Eurobox-System auch Kisten mit festen Wänden und Böden; die eignen sich jedoch nicht, da überschüssiges Wasser nicht abfließen kann. Die Kisten werden mit Unkrautvlies ausgekleidet, damit die Erde nicht herausrieselt. Für eine Saison geht auch Pappe. Dann werden eine Dränage-

Da die Kisten genormt und stapelbar konstruiert sind, stehen sie stabil aufeinander. Pflanzsäcke sind eine gute Ergänzung.

schicht aus Blähton und zum Schluss Erde eingefüllt. Oben ein paar Zentimeter Platz lassen, damit beim Gießen nichts herausschwappt.

Oft stehen die Bäckerkisten zu mehreren auf Europaletten. Und auch wenn niemand einen Gabelstapler zu Hause hat, ist die Palette unter den Kisten Kult: Zum einen kann das Wasser abfließen, zum anderen entsteht so der Urban Style. Für größere oder nährstoffhungrige Pflanzen kann man auch zwei Kisten aufeinanderstellen (und dein Rücken wird es dir ebenfalls danken). Dabei wird die untere Kiste wie beschrieben vorbereitet, diesmal aber randvoll mit Erde befüllt. Darauf kommt eine zweite Kiste, bei der nur die Wände mit Vlies ausgekleidet wurden, nicht aber der Boden. So kann das Substrat erstmal nach unten in die erste Kiste durchrieseln, bis wirklich eine Verbindung zwischen den beiden Erdschichten hergestellt wurde. Später können Wurzeln und Feuchtigkeit durch die Löcher der oberen Kiste in die untere gelangen. Somit steht den Pflanzen ein großer Wurzelraum zur Verfügung.

Ein temporärer Garten ist besser als gar kein Garten.

#machsnachhaltig

MOSAIK-WEG STATT STEINWÜSTE

Die Wegeplatten wurden auseinandergerückt und Pflanzstreifen entstanden; nun wachsen hier Sternmoos (*Sagina subulata*) und Günsel (*Ajuga reptans*).

Wenn der Zahn der Zeit nagt, werden die stärksten Betonflächen schwach. Ist der Gehweg in die Jahre gekommen, beginnen vielleicht einige Gehwegplatten zu wackeln, oder ein paar Pflastersteine haben sich geneigt, weil unter ihnen Ameisen ihre Gänge gegraben haben, an manchen Stellen entstehen bei Regen sogar schon Pfützen ... Jetzt gibt es zwei Möglichkeiten: reparieren und den Weg wieder bombig festzementieren oder das Aufbrechen der harten Strukturen begrüßen und fördern.

So geht's:

1. **Der einfachste Weg, die vermeintlich kaputten Stellen zu beheben und dabei gleichzeitig das harte Erscheinungsbild aufzulockern, ist, die wackelnden oder abgesenkten Gehwegplatten herauszunehmen.**
2. **Als Ersatz verlegst du vielleicht ein paar Natursteinpflaster in die Lücken. Betrifft das eher kleinere Stellen, die auch nicht in der „Hauptlaufspur" des Weges liegen, kannst du das gut selbst bewerkstelligen.**
3. **Verdichte dazu den Untergrund und lege die Steine in feinen Splitt. Achte dabei auf einen ebenen Abschluss mit den umgebenden Platten, damit keine Stolperstellen entstehen.**
4. **Aufgrund der unregelmäßigen Kanten der Naturstein-Pflastersteine entstehen nun größere Fugen, die du mit feinem Splitt verfüllen kannst. Aber nicht bis oben hin, denn ein Sand-Erde-Samen-Gemisch sollte auch noch Platz in den Fugen finden. Die Samen dienen als Starthilfe, damit sich in den Fugen schneller Leben zeigt.**
5. **Noch einen Schritt weiter gehst du, wenn du an diesen Stellen auf das Pflaster verzichtest und die gesamte Lücke mit einem Sand-Erde-Samen-Gemisch versiehst. Das geht natürlich nur an Randbereichen von gepflasterten Flächen. Die Lücke sollte dann so groß sein, dass sie auch bei einem flüchtigen Blick als Unterbrechung der befestigten Fläche wahrgenommen wird, damit keine Gefahrenstelle entsteht.**

Pflanzen halten Einzug

Man muss sich immer vor Augen führen, dass dies ein Extremstandort für die Pflanzen ist: extrem heiß durch den sich aufheizenden und Wärme speichernden Stein und Beton ringsum und extrem trocken. Das muss man bei der Wahl der Samenmischung im Hinterkopf behalten. Am einfachsten ist, eine fertige Samenmischung für trockene Standorte bzw. eine ausgewiesene „Fugenmischung" zu kaufen. Sie beinhaltet häufig *Sedum*- und Thymian-Arten, Hungerblümchen (*Draba verna*) und das gute alte Gänseblümchen (*Bellis perennis*).

Abenteuerlustige verzichten komplett auf die Beimischung von Samen und beobachten gespannt, was sich von allein in den freien „Mosaikfeldern" aus Sand ansiedelt.

Um ein spannendes, abwechslungsreiches Bild zu bekommen, kann es übrigens eine gute Maßnahme sein, auch einige noch fest liegende Platten herauszunehmen und auf dieselbe Weise zu gestalten. So bekommt der „Flickenteppich" Methode; er erscheint dann nicht wie eine Ausbesserung schadhafter Stellen, sondern wie eine wohl kalkulierte Gestaltungsidee.

#machsnachhaltig

WEGRÄNDER AUFBRECHEN

Manchmal ist es gar nicht schlecht, die Fassung zu verlieren – genauer gesagt, die Einfassung. Viele Wege sind mit Betonkantensteinen, auch Betonleistensteine oder Tiefborde genannt, eingefasst. Sie zu entfernen macht einige Arbeit – aber Arbeit, die sich lohnt. Ziel ist ein weicher, lockerer Übergang zwischen Weg und Rasen- oder Pflanzfläche. Der Weg ist dann kein grauer steifer Fremdkörper mehr, sondern viel selbstverständlicher in die verschiedenen Grünbereiche integriert und mit ihnen verzahnt.

So geht's:

1. **Betonkantensteine freigraben, diese sitzen wahrscheinlich auf einem Betonstreifen und haben eine sogenannte Rückenstütze, also einen seitlichen Keil aus Beton. Grabe den Kantenstein samt Rückenstütze aus.**
2. **Entferne eine oder auch mal zwei Platten von einer Plattenreihe, so wird der Weg erst einmal schmaler.**
3. **Jetzt liegt der Wegeaufbau frei. Unter dem Verlegesplitt muss der Frostschutzkies mit einer Kreuzhacke gelockert werden, damit es die Wurzeln später leichter haben, Fuß zu fassen und das Wasser gut versickern kann.**
4. **Jetzt kommt der wichtigste Teil. Damit die verbleibenden Platten, die nun nicht mehr vom Kantenstein gestützt werden, nicht wegkippen, müssen diese auch erst einmal aufgenommen und dann in ein 5–10 cm dickes Mörtelbett wieder eingesetzt werden. Damit der Mörtel Platz findet, entferne den Verlegesplitt an dieser Stelle sowie etwas vom Frostschutzkies. Alle am Rand liegenden Platten sollten am Ende in einem Mörtelbett liegen!**
5. **Jetzt kannst du Gartenerde auf die ehemaligen Plattenflächen füllen und bepflanzen.**

Absoften light

Du kannst harte Wegekanten auch lediglich optisch aufweichen, indem du am Rand Polsterpflanzen setzt, die sich mattenartig auf Teile des Wegs legen. Wenn es zu viel wird oder im Treppenbereich gar zum Stolpern führen kann, können die Matten mit der Schere gestutzt werden.

Karwinskis Berufkraut, besser bekannt als Spanisches Gänseblümchen (Erigeron karvinskianus), erobert sanft, aber spektakulär die breite Treppe.

Mattenartige, insektenfreundliche Pflanzen als Weichzeichner

Pflanzenname	Besonderheiten
Grasnelke (*Armeria maritima*)	sonnig, rosa oder weiße Blüten im Mai–September, 10–40 cm hoch
Pfingst-Nelke (*Dianthus gratianopolitanus*), Feder-Nelke (*D. plumarius*) und Heide-Nelke (*D. deltoides*)	sonnig, Blüten im Sommer (je nach Art Mai–August), in Weiß und Rosa-, Pink- bis Rottönen, 10–20 cm hoch
Scharfer Mauerpfeffer (*Sedum acre*)	sonnig, Blüte Juni–Juli, gelb, 10–20 cm hoch
Blutroter Storchschnabel (*Geranium sanguineum*)	sonnig bis halbschattig, violette bis rosa Blüten im Juni–Oktober, 15–45 cm hoch
Teppich-Phlox (*Phlox subulata*)	sonnig bis halbschattig, Blüte April–Juni, in Violett-, Blau- und Rosatönen, 20–30 cm hoch
Buschwindröschen (*Anemone nemorosa*)	halbschattig bis schattig, Blüte Februar–April, rosa, weiß, 10–25 cm hoch
Leberblümchen (*Hepatica nobilis*)	halbschattig bis schattig, Blüte März–April, violett, blau, 7–15 cm hoch
Zwerg-Astilbe (*Atilbe chinensis* var. *pumilla*), *Astilbe arendsii* 'Glut')	schattig, Blüte Juni–September, je nach Art in Weiß, Gelb, Rot oder Violett, je nach Art 10–100 cm
Efeu (*Hedera helix*)	schattig, Blüte an den Alterstrieben im September–Oktober in Grüngelb, an sich eine Kletterpflanze, als Bodendecker 10–20 cm hoch

FUGEN UND RITZEN WERDEN LEBENSRÄUME

Pflasterfugen werden sich begrünen. Das muss man akzeptieren, wenn man sie nicht ständig von keimenden Wildkräutern – mechanisch und unter hohem Arbeitsaufwand – befreien will. Besser ist es, aus der Not eine Tugend zu machen und für Pflaster- und Plattenbeläge von vornherein breite Fugen vorzusehen und darin Leben einziehen zu lassen. Zumindest bei Gehwegen ist das möglich: Je größer das Pflasterformat und je schwerer der Stein, desto satter liegt er auf dem Untergrund und umso breiter können die Fugen sein. Für PKW-Einfahrten und dünne Terrassenplatten sind verbreiterte Fugen hingegen nicht geeignet; mit der Zeit könnten Stolperkanten entstehen.

Größere Fugen, bitte!

Natursteinpflaster haben in der Regel keine sauber geschnittenen Kanten und rechtwinklige Flächen. So entstehen beim Verlegen von selbst unregelmäßige Fugen. Betonpflaster und -platten haben häufig exakt rechtwinklige Formen (es sei denn, sie sollen Natursteine imitieren), sodass sie theoretisch mit sehr schmalen Fugen verlegt werden könnten. An den Steinen integrierte Abstandshalter sorgen für die sogenannte Rasenfuge. So bleiben die Fugen dauerhaft bestehen und der Belag wird zum Beispiel nicht durchs Befahren zusammengeschoben.

Meist wird erst feiner Splitt als Fugenfüllung eingefegt, wichtig ist zum Abschluss ein Sand-Erde-Samen-Gemisch. Dieses Gemisch bleibt etwa 1 cm unter der Belagsfläche, damit Samen nicht weggeweht oder gerade keimende Pflänzchen zertreten werden. Man kann das Samengemisch von Grund auf selber zusammenstellen, aber auch eine fertige Samenmischung für extensive Dachbegrünung besorgen und diese mit Sand mischen. Geeignete Pflanzen für diesen etwas speziellen Ort sind: Thymian (*Thymus vulgaris*), Pfennigkraut (*Lysimachia nummularia*), Kartäuser-Nelke (*Dianthus carthusianorum*), Kleines Habichtskraut (*Hieracium pilosella*) und Mauerpfeffer (*Sedum acre* und *S. album*). Damit die Pflanzen keimen können und nicht sofort an diesem extremen Standort vertrocknen, muss am Anfang regelmäßig gegossen werden, späterhin bei längeren Trockenperioden ebenso.

Imposanter Lückenfüller

Schließt ein Pflaster- oder Plattenbelag direkt an eine Garagenwand oder Gartenmauer an, dann kann die Ritze zwischen Boden und Wand entweder sich selbst überlassen oder gezielt begrünt werden. Infrage kommen die eben genannten Fugen-Pflanzen – oder aber wie wäre es mit einer auffälligen, bis 2 m hohen Pflanze – die Gewöhnliche Stockrose (*Alcea rosea*)? Stockrosen gibt es zwar auch als Hybriden mit gefüllten Blüten. Diese haben aber den Nachteil, dass man sie nicht als Saatgut bekommt, sondern nur im Topf – und ein Einpflanzen in eine Ritze ist unmöglich. Daher scheiden Hybriden aus. Aber das macht nichts: Die gefüllten Blüten sind für Insekten sowieso nicht nutzbar.

Lieber die Samen der Art tief in die Ritze stecken; sie brauchen Dunkelheit zum Keimen. Da die Pflanze zweijährig ist, entwickelt sich im ersten Jahr nur eine Blattrosette. Im zweiten Jahr schießt der lange Stiel mit den auffälligen großen Blüten empor.

Das Mauer-Zimbelkraut (Cymbalaria muralis) und der Braune Streifenfarn (Asplenium trichomanes), auch Steinfeder genannt, tragen ihre Liebe zu Steinen und Fugen schon im Namen.

PFLANZEN FÜR RITZEN

Diese Pflanzen sind insektenfreundlich und mehrjährig bzw. sie säen sich immer wieder selbst aus.

- Für trockene sonnige Standorte: Borretsch (*Borago officinalis*), Duftnessel (*Agastache rugosa*)
- Für halbschattige Standorte: Gefleckte Taubnessel (*Lamium maculatum*), Wald-Storchschnabel (*Geranium sylvaticum*)
- Für schattige, feuchtere Standorte: Geflecktes Lungenkraut (*Pulmonaria officinalis*), Waldmeister (*Galium odoratum*)

Im Prinzip sät sich die Stockrose selbst aus, sodass es diese Blütenpracht jedes Jahr von Juli bis September zu bewundern gibt. Dafür muss die Pflanze über den Winter stehen bleiben, damit die Samen in den Kapseln reifen. Dann kann man sie einsammeln, wenn die Kapseln sich zu öffnen beginnen, und sie erneut gezielt in die Ritzen stecken.

FEATURE

AUF KLEINER GRUNDFLÄCHE

Hoch hinauf in die dritte Dimension geht es nicht nur mit Fassadenbegrünung (Seite 53) und Spalieren, sondern auch eine Nummer kleiner: mit Rankobelisken, Rosenbögen und Pavillons, kleinen Lauben und Philosophenbänken und vielen anderen Varianten …

Aus dem Gemüsebeet abgeguckt

Wer um die Ecke denkt, dem fallen noch mehr Varianten ein, bei denen eine kleine Grundfläche mehr Pflanzen trägt, als man ihr zutraut. So nutzt beispielsweise eine Kräuterspirale die Höhe ebenfalls geschickt aus: Auf engstem Raum beherbergt sie eine Vielzahl an verschiedenen Kräutern und berücksichtigt dabei quasi nebenbei auch noch verschiedene Standortansprüche: von feucht und halbschattig am Fuße der Spirale bis zu trocken-heiß an der Spitze. Und was im Gemüsebeet geht, geht doch wohl auch im Staudenbeet, oder? Wie wäre es also mit einer Stauden-Spirale?

Auch das Hügelbeet ist eine interessante Variante, das meiste aus der Fläche herauszuholen. Man muss nur bedenken, dass an den Seiten des Hügelbeets das Wasser schnell herabfließt. Es sollten hier also am besten trockenheitsverträgliche Pflanzen untergebracht werden.

Ein gutes Beispiel für eine effiziente Platzausnutzung zum Vorteil aller Beteiligten ist die von den Ureinwohnern Südamerikas abgeschaute Mischkultur aus Mais, Bohnen und Kürbis. Sie ist eine der Lieblingskombinationen in der Permakultur und vielen unter den Bezeichnungen Milpa- oder Maya-Beet ein Begriff. Genau genommen ist es ein cleveres Gärtnern auf allen Ebenen: Kürbispflanzen bedecken und beschatten den Boden,

Hochbeet mal anders: In dieser DIY-Variante aus alten Schubladen wachsen die Pflanzen nicht nur auf dem Beet, sondern auch durch „Gucklöcher" aus den Seiten.

der daraufhin weniger schnell austrocknet. Der aufrechte Mais dient den schlingenden Bohnen als Kletterhilfe, die wiederum als Leguminosen den Boden mit Stickstoff anreichern. Und all das passiert schon auf ein bis zwei Quadratmetern – reiche Ernte inklusive.

Bäume mit geborgten Blüten

Einen alten, nicht mehr vitalen Obstbaum sollte man nicht aus dem Garten entfernen. Warum? Das Fällen kostet Zeit, Kraft und Schweiß, das Beseitigen des Wurzelstocks obendrein noch den einen oder anderen Wutanfall, denn das Ausgraben ist sehr mühsam. Es muss aber sein, wenn an derselben Stelle neu gepflanzt oder gesät werden soll. Außerdem wird bei dieser brachialen Arbeit eine größere Gartenfläche in Mitleidenschaft gezogen, die wieder hergerichtet werden muss. Auf der anderen Seite würden sich viele Tiere freuen, wenn der Baum als Nistplatz bliebe, und Tier- und Pilzwelt könnten sich am ohnehin selten gewordenen Totholz lange laben. Zudem kann ein neu gepflanzter Baum über viele Jahre, wenn nicht Jahrzehnte, der optischen Wirkung eines altehrwürdigen Baumveteranen nicht das Wasser reichen – mal ganz abgesehen davon, dass man die gleiche Obstart sowieso nicht an dieselbe Stelle bringen sollte. Die sogenannte Bodenmüdigkeit würde kümmerlichen Wuchs nach sich ziehen und unter Umständen könnten im Boden verbliebene Krankheitserreger den Neuling schneller besiedeln.

Wie wäre es stattdessen, wenn man dem alten Baum mit „geborgten Trieben" zu einem frischen Aussehen verhelfen würde? Neben den obligatorischen Ramblerrosen, die sich bereitwillig wie malerisch in die Höhe schrauben und den alten Baum mit Blüten schmücken, sind auch Clematis eine gute Idee. Beide brauchen jedoch am Anfang eine Kletterhilfe. Allein können sie den Stamm nicht erklimmen; erst oben im Geäst halten sie sich selber fest und breiten sich aus. Ein altes Drahtgitter, eine verwitterte Holzleiter, notfalls auch ein Stück Baustahlmatte oder Maschendrahtzaun leisten die Starthilfe gerne.

Besonders große Bäume können auch einen Starkschlinger mit unschmeichelhaftem Namen vertragen: den Baumwürger (*Celastus orbiculatus*). An abgestorbenen Bäumen darf er sich ungehemmt entwickeln – das wird sich dieser locker 8 m hoch wachsende, schnelle Schlinger nicht zweimal sagen lassen. Seine Pluspunkte: gelbe Herbstfärbung, Beerenschmuck, der die Vögel im

FEATURE

Winter ernährt und sich auch in der Blumenvase gut macht, und neuer Lebensraum für Vögel und Insekten. Die bodennahen Kriechtriebe sollte man entfernen, weil die sonst eigene Wurzeln bilden – und nicht an lebende Bäume setzen.

PFLANZEN, DIE IN OBSTBÄUME KLETTERN

- Ramblerrosen (*Rosa*), einmal- und öfterblühend in allen typischen Rosen-Farben, 3–10 m hoch
- Fingerblättrige Akebie (*Akebia quinata*): violettbraune Blüten, 5–7 m hoch
- Amerikanische Trompetenwinde (*Campsis radicans*): Blüten in Orange, bis 5 m hoch und höher
- Baumwürger (*Celastus orbiculatus*): gelbliche Blüten, bis 8 m, zweihäusig, es müssen männliche und weibliche Pflanzen gepflanzt werden, damit Früchte ausgebildet werden
- Großblumige Waldrebe (*Clematis macropetala*): bis 4 m hoch
- Berg-Waldrebe (*Clematis montana*): fast 10 m hoch, ideal für Baumkronen
- Gewöhnliche Waldrebe (*Clematis vitalba*): bis 15 m hoch
- Immergrünes Geißblatt (*Lonicera henryi*): wächst kräftig, 5–10 m
- Brombeere (*Rubus fruticosus* 'Black Satin'): die Früchte erscheinen dann zwar in luftiger Höhe, aber die Vögel freuen sich

Unterpflanzungen

Wenn man sich im Garten umschaut, gibt es viele Gehölze, an deren Fuß gähnende Leere herrscht: unter anderem Sträucher, die im unteren Bereich freigeschnitten werden, Rosen (hier ganz besonders die Hochstamm- und staksigen Beetrosen), Beerensträucher … Oft macht sich der Gärtner oder die Gärtnerin obendrein den Stress, diesen Bereich von Unkraut freihalten zu wollen. Er lässt sich in vielen Fällen aber sehr gut mit weiteren Pflanzen bestücken!

Küchenkräuter sind hier wahre Alleskönner. Sie beanspruchen nicht viel Raum, sind häufig mit wenigen Nährstoffen zufrieden. Wir Menschen freuen uns über ihre Würzkraft, Insekten über das Nahrungsangebot. An Thymian, Bohnenkraut, Oregano, Rosmarin, Schnittlauch und Co. finden sie Nektar, teils auch Pollen – vorausgesetzt natürlich, man erntet nicht alles ab, sondern lässt ein paar Stängel blühen. Und ein weiterer Pluspunkt: Viele Kräuter helfen mit ihren ätherischen Ölen dabei, Schädlinge von ihren Pflanzpartnern fernzuhalten. Oder wer hat noch nie vom Dreamteam Rose und Lavendel gehört?

Das Unterpflanzen ist also eine Win-win-Situation für alle Beteiligten und verspricht eine größere Zahl Pflanzen auf wenig Raum. Das Prinzip funktioniert übrigens auch prima im Kübel auf der Terrasse oder dem Balkon.

Trotz ihres Sortennamens 'Apple Blossom' schmückt die Ramblerrose hier keinen Apfelbaum, sondern einen alten Kirschbaum.

Man kann Blüten sogar in den Garten bringen, ohne auch nur einen Quadratzentimeter Grundfläche zu beanspruchen: mit Hanging Baskets.

TRISTE ECKEN WERDEN BUNT

Jeder hat sie, die Ecken und Nischen, die man am liebsten verstecken möchte: Rümpelecken, Materiallager, die typischen Ich-weiß-nicht-wohin-damit-Ansammlungen … Und dennoch sind es Orte mit viel Potenzial für Begrünungen.

Rümpelecken …

So sieht es in vielen Gärten aus: Hinter der Garage oder dem Geräteschuppen ist ein Lagerplatz für Dinge entstanden, die man „bestimmt nochmal irgendwann brauchen kann" – vielleicht aber auch nie. Eng verwandt ist diese Szenerie mit einem ähnlichen Sammelsurium der Marke „Das muss ich bloß reparieren, dann kann ich es wieder benutzen".

Und so harren gebrauchte Steinplatten, Paletten und Dachsteine, Baumstubben, alte Betonkantensteine, an denen vor einer weiteren Verwendung erst noch Fundamentreste abgeschlagen werden müssten, kaputte Nistkästen und nie verwendete, vor sich hinrottende Schilfmatten ihrer Dinge – in manchen Gärten mehr oder weniger säuberlich gestapelt, in anderen als wilder Haufen. In feucht-schattigen Bereichen haben sich längst Moose angesiedelt, allerlei Wildkräuter sowieso. Jetzt kannst du dich darüber grämen oder die Natur willkommen heißen.

… oder Lebensräume?

Platten-, Ziegel- oder Bretterstapel bilden zahlreiche Nischen und Hohlräume: Viele Ruhe-, Überwinterungs- und Nistplätze sind hier ganz unbewusst geschaffen worden. Der Igel zieht sich tagsüber unter die Paletten zurück, die Eidechse sonnt sich auf dem Plattenstapel und findet Schutz in den Zwischenräumen der gestapelten Kantensteine. Überall krabbeln Käfer, unter den Platten tummeln sich Asseln, und Spinnen weben fleißig Netze. Vielleicht findet hier sogar das meiste Leben im ganzen Garten statt.

Übrigens: Auch an diesen Rümpelecken kannst du schauen, ob tatsächlich alle Bereiche mit Platten oder Pflaster versiegelt sein müssen. Auch hier kann möglicherweise Beton raus und Leben rein? Mehr dazu findest du auf Seite 102.

Bloß nicht aufräumen: die perfekte Ausrede

Das Aufräumen oder gar Beseitigen der Schmuddelecken ist mit sehr viel Arbeit verbunden, kaum einer hat Lust dazu. Aus Sicht der Natur wäre das auch gar nicht wünschenswert. Denn das würde vielfältigste Lebensräume auf kleinem Raum zerstören. Hier sind extreme Standorte für Pflanzenspezialisten entstanden, die genau diese besonderen Voraussetzungen brauchen.

Eine Baustahlmatte aus der Rümpelecke – senkrecht fixiert – ergibt eine schnelle, rustikale Rankhilfe für Duft-Wicken (*Lathyrus odoratus*).

Moose siedeln sich auf allen Oberflächen an, die nicht zu glatt und zu verschattet sind und wo es genug Feuchtigkeit gibt. Moose haben keine Wurzeln und entnehmen alles, was sie zum Leben brauchen, über ihre gesamte Oberfläche aus der Luft und aus dem Wasser auf. Zwischen den verschiedenen Materialien wachsen höchstwahrscheinlich Brennnesseln auf stickstoffreichen Böden, auch Löwenzahn. Typische Trockenmauerpflanzen, wie Wilde Möhre (*Daucus carota*), Trauben-Steinbrech (*Saxifraga paniculata*) und Beifuß (*Artemisia vulgaris*, Achtung: sein Pollen ist häufiger Allergie-Auslöser), haben sich vielleicht schon von selbst in den trockenen warmen Fugen und Spalten angesiedelt. Diese können ergänzt werden zum Beispiel mit Ährigem Ehrenpreis (*Veronica spicata*), Frühlings-Fingerkraut (*Potentilla verna*), Gewöhnlicher Grasnelke (*Armeria maritima* subsp. *elongata*), Kleinem Habichtskraut (*Hieracium pilosella*), Mauerpfeffer (*Sedum album* oder *S. acre*), Natternkopf (*Echium vulgare*), Silberdistel (*Carlina acaulis*) oder Zypressen-Wolfsmilch (*Euphorbia cyparissias*).

Den Pflanzen folgen die Tiere. Raupen haben Brennnesselblätter zum Fressen gern und Insekten sind über die Auswahl an Nektar und Pollen mehr als glücklich.

Sanftes Verschönern erlaubt

Manch ein Gegenstand oder ein eingelagertes Material eignet sich bestimmt, um ihn zu einem originellen Pflanzgefäß umzumodeln. Die Upcycling-Gefäße könnten, bepflanzt und gezielt aufgestellt, wirklich hässliche Bereiche verstecken oder falls nötig auch beschatten. Möglicherweise möchtest du sogar explizit Bienenweiden

(Seite 14) aussuchen oder andere für Tiere nützliche Gewächse in die Recycling-Gefäße pflanzen, zum Beispiel Wildobst.

Es geht darum, aus einer trostlosen Ecke, die man nicht gerne aufsucht, eine kleine Oase zu machen, wo das Leben tanzt. Und bald wird dieser Ort auch so etwas wie wilden Charme entwickeln, nämlich dann, wenn Holz und Stein Patina angesetzt haben und man dem Efeu erlaubt, die Stapel zu erobern, oder eine wilde Rose gepflanzt hat.

Unorte werden Orte

Es ist alles eine Frage der Definition – und der Inszenierung. Dichte Brennnesselbestände haben einen Bereich des Gartens erobert? Diesen Ort „Brennnesselbeet“ zu nennen, ist vielleicht etwas übertrieben. Aber ein Unort ist es auf keinen Fall, wenn man sich den Nutzen für die Tierwelt (oder für einen selber) genauer anschaut.

Wer Brennnesseln nicht selbst als Süppchen, Spinatersatz oder Tee verwenden will, der kann sie den nimmersatten Raupen überlassen. Vielleicht spendet man ihnen auch noch einen Salat oder Kohl. Das lenkt sie hoffentlich vom Gemüsebeet ab. Vielleicht muss man die Raupen auch vom Gemüsebeet vorsichtig per Hand umsiedeln. Das wäre ein guter Beitrag für einen artenreichen Garten – denn irgendwo müssen die Schmetterlinge ja aufwachsen, deren Anblick so erfreut! Sich auf der einen Seite verwundert zu fragen: „Wo sind nur Tagpfauenauge und Kleiner Fuchs geblieben?“ und auf der anderen Seite Brennnesseln im eigenen Garten vehement bekämpfen – das passt einfach nicht zusammen. Beide Schmetterlingsarten sind maßgeblich auf Brennnesseln als Raupenfutterpflanze angewiesen.

Und nebenbei gesagt, lässt sich aus Brennnessel ein hervorragender natürlicher Stickstoffdünger, die berühmte Brennnesseljauche herstellen.

BRENNNESSELJAUCHE

1 kg frische Brennnesseln (ohne Wurzeln und Samen) grob zerkleinern und in 10 l Regenwasser geben. Etwa 14 Tage in der Sonne gären lassen, gerne täglich umrühren. Wenn es nicht mehr schäumt, ist die Vergärung abgeschlossen und die Jauche kann 1:10 mit Wasser verdünnt vergossen werden.

Den Garten mit anderen Augen sehen

Diese alte Badewanne stand jahrelang herum nach dem Motto „vielleicht kann man sie ja mal irgendwann brauchen" – jetzt ist es soweit.

Wenn man sie lässt, erobern Wildkräuter Paletten, Holzstapel und andere Rümpelecken von ganz allein.

GABIONEN SCHÖNER MACHEN

Gabionen, auch Drahtschotterkörbe oder -kästen genannt, sind vereinfacht gesagt Stahlkäfige mit einer Füllung aus Steinen. Eingesetzt werden sie klassischerweise im Straßen-, Wege- und Wasserbau als Stützmauern, Böschungsbefestigungen und Lärmschutzanlagen. Auch in Weinbergen werden sie statt Trockenmauern verwendet.

Mittlerweile findet man sie aber auch in Gärten. Ein Ingenieursbauwerk zieht sozusagen in den Garten ein: manchmal mit dem Zweck, Hänge zu stützen, oft aber auch aus rein optischen Gründen. Obwohl die „optischen Gründe" nicht jedermanns Geschmack sind. Seit einiger Zeit ist es Mode geworden, Gabionen als Einfriedung statt Gartenmauer, Zaun oder Hecke zu verwenden, ohne wie gesagt die ursprünglichen Eigenschaften aus dem Ingenieursbau zu benötigen.

Gabionen sehen viele als praktisch an. Sie brauchen, wenn sie nicht zu schmal und hoch und damit kippanfällig sind, kein Fundament. Wenn die Gabionen breit genug sind und durch ihr Eigengewicht halten, dann können sie einfach so auf eine Kies- oder Schotterschicht gestellt werden. Regenwasser kann durch sie hindurch und ablaufen. Allerdings sind Gabionen nicht preiswert, vor allem, wenn besondere Steine eingefüllt werden sollen.

Wenn Gabionen noch mit den in der Anmutung ähnlichen Schottergärten daherkommen (Seite 120), dominiert leider mitunter eine Steinwüste die Hausansicht. Hier braucht es definitiv mehr Grün.

Gabionen begrünen

Mit einer Begrünung kann man den Gabionen einen neuen Zweck geben: Man schafft ungewöhnlichen Lebensraum für Pflanzen und Tiere. Und außerdem wird die Optik weicher. Der Blick auf tote Steine wird durch sich im Wind bewegende Triebe und umherschwirrende Insekten abgelenkt. Vielleicht hat man das Glück und sieht eine Eidechse, die sich auf den Steinen sonnt. Erst durch Pflanzen oder andere schützende Elemente fühlen sich die Tiere sicher genug, diesen „künstlichen Steinhaufen" zu beleben. Denn im Grunde ist es das: ein Steinhaufen mit vielen Ritzen und Spalten, in denen allerlei Leben stattfinden könnte – wenn auch das Umfeld tierfreundlich gestaltet ist.

Mit rankenden Waldrebenarten kann der Stahlkäfig wunderbar begrünt werden: auf der Schattenseite mit der Alpen-Waldrebe (*Clematis alpina*) und auf der Sonnenseite mit der Italienischen Waldrebe (*Clematis viticella*). Es gibt auch eine Art des Wilden Weins, der anders als sein selbstklimmender Bruder, den man von der Fassadenbegrünung kennt, ranken kann: die Fünfblättrige Jung-

fernrebe (*Parthenocissus inserta*). Sie bildet neben den Ranken auch einige Haftscheiben aus. Das ist im Falle der Gabionen kein Problem: Die Ranken halten sich am Gitter fest, die Haftscheiben auch an den Steinen.

Füllung mit Zusatznutzen

Statt mit Steinen, können Gabionen im Garten auch mit Holz gefüllt werden. Wenn man eine Gabione neu befüllt, kann man zum Beispiel Äste und Baumstämme auf Gabionenbreite zuschneiden und einschichten – schon sieht die Gabione nicht mehr ganz so abweisend kalt aus. Das Holz wird im Laufe der Jahre verrotten – und wo etwas verrottet, findet vielfältiges Leben statt: zum Beispiel Käfer, Larven, Asseln und Pilze leben und ernähren sich dort. Das Verrotten bedeutet aber auch, dass das Holz zusammensackt und von Zeit zu Zeit ergänzt werden muss.

Auch andere Füllungen sind möglich: So kommen gern auch alte Dachpfannen und Tonwaren-Bruch, geschliffener Glasbruch und viele andere, teils recht kreative Füllungen zum Einsatz. Und überall, wo es durch etwas Bewuchs geschützte Hohlräume gibt, werden sich tierische Bewohner einfinden.

#machsnachhaltig

ERST GABIONE, JETZT PFLANZEN-KUBUS

Einen leeren Drahtgitterkorb kann man auch so aufbereiten, dass er weniger an einen Steinkäfig erinnert, sondern eher wie eine Mischung aus Hochbeet und überdimensionaler Pflanztasche anmutet.
In ihm finden je nach eingefülltem Substrat die verschiedensten Zierpflanzen Platz. Oder wie wäre es mit einem „Genuss-Kubus" – ein von allen Seiten bewachsener Quader, von dem man ernten kann? Experimentieren kann man bei der Bepflanzung nämlich auch mit Salat, Gemüse oder Erdbeeren.

So geht's:

1. Den Gitterkorb mit einem Vlies auskleiden.
2. Fülle anschließend eine Dränschicht aus Kies ein, die du wiederum mit einem Vlies abdeckst, damit die Erde später nicht durch die Dränschicht rieselt.
3. Je nach Höhe des Gitterkorbs entweder gleich etwa 30 cm Oberboden einfüllen oder erst noch etwas mit Rohboden, der keine organischen Bestandteile hat, auffüllen und dann erst den Oberboden hineingeben.
4. An den Seiten das Vlies waagerecht aufschlitzen und entweder trockenheitsliebende Kräuter oder Stauden auf der einen und schattenliebende Stauden auf der anderen Seite einsetzen. Obenauf kann die Gabione, vor dem Schließen des Korbes, ebenfalls eingesät oder bepflanzt werden – ganz wie ein Hochbeet. Bei Jungpflanzen wäre wichtig, dass sie noch nicht über den Rand ragen, damit sie nicht umknicken, wenn der Deckel des Gitterkorbs geschlossen wird. Später können die Pflanzen durch das Gitter hindurchwachsen.

Ein Vorteil der bewachsenen Gabione: Auf geringer Grundfläche entsteht viel Gartenfläche. Hinzu kommt die außergewöhnliche Optik.

Der Trick der rundherum bepflanzten Gabione ist das Vlies; es hält das Substrat an Ort und Stelle.

Variante mit zwei Standorten

- Eine spannende, aber etwas aufwendige Alternative wäre, mit einem senkrecht gespannten Vlies die Gabione in der Mitte zu teilen. Die Idee ist, auf der Sonnenseite ein mageres Sand-Erde-Gemisch und auf der Schattenseite nährstoffreichere Gartenerde einzufüllen. Bei diesem Arbeitsschritt sollte man möglichst zu zweit sein.
- Dann kann man oben auf der Sonnenseite eine Saatmischung für trockene magere Standorte und daneben eine für feuchtere nährstoffreichere ausbringen. So könnte zum Beispiel ein reizvoller grüner Wiesentisch entstehen.

SCHOTTERGÄRTEN BELEBEN

Schotter- und Kiesgärten waren vor einiger Zeit stark in Mode gekommen, der Trend flaut aber auch schon wieder kräftig ab. Gott sei Dank, möchte man sagen. Denn im ökologischen Sinne sind Schottergärten tote Flächen, die den Namen „Gärten“ eigentlich gar nicht verdienen. In einigen Bundesländern oder einzelnen Gemeinden sind reine Schottergärten mittlerweile sogar verboten.

Steine, Kies, Schotter und Splitt in Abstufungen von Grau bis Schmutzig-Weiß bieten niemandem etwas, weder Tieren auf der Suche nach Nahrung und Unterkunft, noch dem Bewohner oder Passanten auf der Suche nach Schönheit und Erholung für die Augen. Auch zur Staubfilterung leisten Schottergärten (im Gegensatz zu echten Gärten mit Pflanzen darin, Seite 5) keinen Beitrag. Und wenn man ehrlich ist, hat sowieso niemand so recht Lust, sich in der Hitze abstrahlenden Ödnis aufzuhalten.

Was viele außerdem nicht bedenken: Für den Schottergarten braucht man nicht nur Schotter auf dem LKW, sondern auch im Portemonnaie! Ein Schottergarten ist nämlich gar nicht so preiswert, weder in der Anschaffung noch in der Pflege. Herangewehte Blätter, Blüten und sich ausbreitende Moose werden in der Welt der Schottergärten als „Verschmutzung“ angesehen; das macht die Pflege aufwendig. Viele versuchen, ihn mit Laubbläsern und Hochdruckreinigern sauber zu halten. Nach einigen Jahren muss die Schotterschicht aber dennoch abgetragen, gereinigt, das Unkrautvlies erneuert und der Schotter wieder aufgebracht werden. Und mindestens an diesem Punkt schlägt die Stunde derjenigen, die wieder weniger Schotter und mehr Garten vor der Haustür wollen.

Materialien wiederverwenden

Schotter, Splitt und Kies, die man im Schottergarten nun einmal im Überfluss hat, kann man für die Ergänzung oder Neuanlage eines Steingartens verwenden. Ein Steingarten ist nämlich etwas völlig anderes als ein Schottergarten. Ein Steingarten hat steinigen Boden, das stimmt, aber mit der Betonung auf Boden. Es handelt sich um mageren Boden mit einem hohen Sandanteil, Kiesel oder Splitt zur Verbesserung der Dränage und meist einigen Findlingen zur Dekoration. Für Steingärten gibt es eine große Zahl an passenden Pflanzen.

Du kannst auch einfach eine lockere Steinschüttung an einem sonnigen Platz vorsehen: Schütte den Schotter lagenweise auf, dazwischen immer wieder locker ein Sand-Erde-Gemisch einfüllen, damit es in die Fugen rieseln kann. So erschaffst

Mit etwas sandigem, durchlässigem Substrat kann aus einem Schotter- ein Steingarten werden. Thymian fühlt sich an diesem heiß-trockenen Standort wohl.

Sukkulenten wie diese Sempervivum*-Rosetten, sind dankbare Hungerkünstler an diesem extremen Standort.*

du einen trockenen, mageren und gut Wasser ableitenden Standort, an dem sich Gräser und Kräuter, aber auch bodenbewohnende Insekten wie Weiden-Sandbienen (*Andrena vaga*), Mauerbienen (*Osmia cornuta*), Löcherbienen (*Heriades truncorum*) und Scherenbienen (*Chelostoma florisomne*) gerne ansiedeln werden.

Das Grau in Grau aufbrechen

Wenn du den gesamten Schotter nicht anderweitig im Garten verwenden kannst oder du nicht radikal umgestalten willst, versuche, den Schotter- zu einem Steingarten umzugestalten. Dazu sollte der Bereich in der Sonne liegen. Es wäre für das Mikroklima allerdings gut, vor allem hinsichtlich Wärmeabstrahlung und Trockenheit, die Schotterfläche nicht allzu groß zu belassen.

Öffne das Unkrautvlies an den Stellen, wo gepflanzt werden soll, mit einem großzügigen Kreuzschnitt und mische in diesen Teilbereichen Erde, die mit Sand abgemagert wurde, unter den Schotter.

Pflanze zum Beispiel eine Kriech-Kiefer (*Pinus mugo* var. *mugo*). Und warum nicht eine von allein keimende Birke (*Pendula betula*) stehen lassen, wenn sie zufällig an einer passenden Stelle erscheint? Später wird sie dann schon Anfang April Pollen für Insekten (leider auch für Allergiker) und bald etwas Schatten bieten. Steingartenpflanzen bringen Farbtupfer: Kartäuser-Nelke (*Dianthus carthusianorum*), Mauerpfeffer (*Sedum acre* und *S. album*) und Thymian (*Thymus vulgaris*) sind auch als Nahrungsquelle für Insekten interessant.

#MACHSNACHHALTIG-INFOS

Hast du Ideen bekommen und möchtest loslegen? Auf den folgenden Seiten findest du ein paar Hinweise, wo du weitere Informationen bekommst sowie Zubehör und Materialien kaufen kannst.

Bezugsquellen

Mülltonnenhäuschen und Co.

Gartenakzente: Mülltonnen- und Fahrradboxen zum Begrünen, Pflanzenrahmen für Mülltonnenboxen, **www.gartenakzente-muelltonnenboxen.de**

Hornbach Baumarkt: Pflanzschalen für Mülltonnenboxen, **www.hornbach.de**

Obi Baumarkt: Pflanzschalen für Mülltonnenboxen, **www.obi.de**

Resorti: Mülltonnenboxen zum Begrünen, Pflanzwannen zum Nachrüsten, **www.resorti-muelltonnenboxen.de**

Dachbegrünung

Optigrün: extensive und intensive Dachbegrünung, Materialien und Zubehör, Flachballenstauden, **www.optigruen.de/privatkunden**

Re-natur: extensive Dachbegrünung, Materialien und Zubehör, Dachstauden, **www.re-natur.de**

Rieger-Hofmann: regionales Saatgut, Saatgut und Sedumsprossen für die Dachbegrünung, **www.rieger-hofmann.de**

Zinco: extensive und intensive Dachbegrünung, Dachbegrünungssysteme, Materialien und Zubehör, Pflanzen-Teppiche, **www.zinco.de** (Garagen-Dachbegrünungspaket unter www.garagen-dachbegruenung.de/garagenpaket)

Fassadenbegrünung und Moosmatten

Fassadengrün: Rankgitter, Seilsysteme, Kletterpflanzen, **www.fassadengruen.de**

Vertiko: Moosmatten, **www.vertiko.de**

Insektenfreundliche Pflanzen

Bingenheimer Saatgut: insektenfreundliche Blumenmischungen, samenfestes Bio-Saatgut, **www.bingenheimersaatgut.de**

Rieger-Hofmann: regionales Saatgut für Wildblumen und -gräser, **www.rieger-hofmann.de**

Staudengärtnerei Gaißmayer: insektenfreundliche Pflanzenpakete, **www.gaissmayer.de**

Templiner Kräutergarten: Saatgutmischungen für Bienenweiden und Blumenwiesen, **www.templiner-kraeutergarten.de**

Samenmischungen für Fugen

Manufactum: Blumensamenmischung für Pflasterfugen, **www.manufactum.de**

Re-natur: Fugenmischungen, **www.re-natur.de**

Rieger-Hofmann: regionales Saatgut, Fugenmischungen, **www.rieger-hofmann.de**

Weidenruten

Energiepflanzen: Weidenruten bis 2 m Länge und -stecklinge, **www.energiepflanzen.com**

Freitag Weidenart: Bausätze für verschiedene Weidenzäune und andere Flechtprojekte, **www.freitag-weidenart.com**

Lebendbauweisen: Weidenruten, Bausätze für Weidenzäune, Weidentipis usw., **www.lebendbauweisen.de**

Re-natur: Weidenruten, **www.re-natur.de**

Zum Weiterlesen

Interessante Bücher

Faßmann, Natalie: **Mein Naturgarten**, Verlag Eugen Ulmer, 2018

Gastl, Markus: **Permakultur und Naturgarten**, 2. Aufl., Verlag Eugen Ulmer, 2021

Hubert, Yohan: **Urban Gardening**. Verlag Eugen Ulmer, 2016

Krause, Antje: **Trick 17 Garten und Balkon**, Frechverlag, 2020

Pfoser, Nicole: **Vertikale Begrünung**, Verlag Eugen Ulmer, 2018

Schumann, Eva: **Gärtnern in Töpfen**, Verlag Eugen Ulmer, 2019

Schwarzer, Elke: **Heimische Pflanzen für den Garten**, 3. Aufl., Verlag Eugen Ulmer, 2022

Schwarzer, Elke: **Mein Bienengarten**, Verlag Eugen Ulmer, 2020

Richtlinien und Forschungsberichte

Forschungsgesellschaft Landschaftsentwicklung Landschaftsbau e. V. (FLL): Die FLL gibt Richtlinien für Bauwerksbegrünungen heraus, Broschüren der Dachbegrünungs- oder Fassadenbegrünungsrichtlinien bzw. Forschungsberichte zum Thema online erhältlich unter: **https://shop.fll.de/de/bauwerksbegruenung.html**

Im Netz

Gebäudebegrünung

Fassadengrün: Informationen zu Kletterhilfen und -pflanzen, **www.fassadengruen.de**

Green City e.V.: Praxisratgeber Gebäudebegrünung, **www.begruenungsbuero.de**

Optigrün: Informationen zur Dachbegrünung, Pflanzenlisten, **www.optigruen.de/privatkunden**

Polygrün: Informationen zu Kletterhilfen und -pflanzen, **www.fassadenbegrünung-polygrün.de**

Vertiko: Moosmatten, Komplettlösungen für Fassadenbegrünung, Planung und Beratung, Living Walls, **www.vertiko.de**

Zinco: Informationen zur Dachbegrünung, Pflanzenlisten, Seminare für Fachplaner, **www.zinco.de**

Über die Autoren

Wolfgang Heidenreich ist Landschaftsarchitekt und beschäftigt sich mit dem Thema Stadtklima seit 40 Jahren. Mit seinem Büro plant er seit 30 Jahren Grün um, an und auf Gebäuden zum Wohlbefinden der Nutzer und Nachbarn. Im Verein Green City e.V. motiviert er seit 2014 Gebäudeeigentümer, Baugemeinschaften, Wohnbaugenossenschaften und Firmen in München zur Gebäudebegrünung als Anpassungsmaßnahme an den Klimawandel. Er wohnt mit seiner Familie in einer Münchner Wohnbaugenossenschaft – natürlich gleich neben dem Gemeinschaftsdachgarten.

Antje Krause ist Diplomingenieurin für Landschaftsplanung und seit vielen Jahren als Gartenbuch-Autorin und Lektorin tätig. Jede freie Minute verbringt sie in ihrem großen Land- und Naturgarten, den sie rein ökologisch und so nachhaltig wie möglich bewirtschaftet. Ihr liegen besonders die kleinräumigen Kreisläufe im Garten am Herzen – nach dem Motto „aus allem etwas machen“. Sie lebt mit Hund und Hühnern nördlich von Berlin.

Register

Bildquellen

Dettmar, Jörg Prof. Dr.: S.73 | **Engelke, Gudrun**: Klappe vorn innen re. | **FloraPress**: FocusOnGarden/Sibylle Pietrek: S. 33, 99; FocusOnGarden/Ursel Borstell: S. 50, 57 li. u., 101; gartenfoto.at: S. 87 o.; GWI: S. 49; Kristina Betz: S. 77 u.; Lilianna Sokolowska: S. 102; Liz Eddison: S. 45, 47; Sabrina Rothe: S. 37; Stefan Körber: S. 113; Visions: S. 26; | **Grosse, Christine**: Klappe vorn innen li. | **Heidenreich, Wolfgang**: S. 43 u., 51, 55, 69 o., 78, 91 re. | **Heinz Hauser/botanikfoto**: S. 18 | **mauritius images**: S. 10, 12, 20, 22 re., 28 re., 29 re., 31 re. Mi., 31 re. o., 34 o., 34 u., 39 o., 39 u., 42, 43 o., 52, 59 re., 61, 70, 72, 75 o., 82 li., 87 u., 107, 115 o., 117, 121 re. | **Mayländer, Michaela**: S. 1 (Biene), 19 (Efeublatt), 101 (Blume), 114 (Herz) | **Shutterstock.com**: Andrius Repsys: S. 3 (Baum); aniana: S. 29 li.; apiguide: S. 111 u.; Arunee Rodloy: S. 82 re.; Bodor/Tivadar: S. 4 (Blatt); ChBsc: S. 67; Cornelia S. Koning: S. 97; Dagmar Breu: S. 83 u.; Darryl Sleath: S. 89; DimaBerlin: S. 23 re.; Dmitrii Pridannikov: S. 79; DreamHack: U2/U3; DSGNSR1: S. 9; Elena Noeva: S. 57 re. u.; Elena Skalovskaia: S. 65; Elsa Cadic: U1; ezphoto: S. 77 Mi.; finepics: S. 115 u.; forestpath: S. 11; freya-photographer: S. 81; Gardens by Design: S. 76; Happy Dragon: S. 28 li., 62; Harry Wedzinga: S. 122; Irra: S. 109; josefkubes: S. 84, 93, 119 u.; Katarzyna Mazurowska: S. 121 li.; Marianna Karabut: S. 77 o.; MarinaGreen: S. 6; mcajan: S. 80; NK: S. 105; Oleksandr Filatov: S. 35; ON-Photography Germany: S. 83 o.; Patrick Daxenbichler: S. 94; Peter Turner Photography: S. 23 li.; Pngeeks: S. 16; Rabbitti: S. 119 o.; shutternelke: S. 111 o.; Simon Annable: S. 31 li.; suedtirol.click: S. 31 re u.; The Law of Adventures: S. 22 li.; Trong Nguyen: S. 25; Vector store: S. 7 (Biene); Vitaliy Karimov: S. 60; vividvic: S. 124 (Vogel); WIN12_ET: S. 24; Yair Geva: S. 15; Zigzag Mountain Art: S. 40; | **Steffen Hauser/botanikfoto**: S. 21 | **Taraba, Sven**: S. 59 li., 69 u., 75 u. | **Zimmermann, Wilhelm**: S. 57 o. | **ZinCo GmbH**: S. 91 li.

Impressum

Die in diesem Buch enthaltenen Empfehlungen und Angaben sind von den Autoren mit größter Sorgfalt zusammengestellt und geprüft worden. Eine Garantie für die Richtigkeit der Angaben kann aber nicht gegeben werden. Autoren und Verlag übernehmen keine Haftung für Schäden und Unfälle. Bitte setzen Sie bei der Anwendung der in diesem Buch enthaltenen Empfehlungen Ihr persönliches Urteilsvermögen ein.
Der Verlag Eugen Ulmer ist nicht verantwortlich für die Inhalte der im Buch genannten Websites.

Anmerkung zur Schreibweise (Gendering): Gendergerechtigkeit und Inklusion sind bei uns gelebte Praxis – bei der Auswahl unserer Themen, bei der Recherchearbeit, in der Gestaltung. Unsere Texte meinen alle. Damit unsere Inhalte jedoch gut lesbar bleiben, verzichten wir in diesem Werk auf die jeweilige Mehrfachnennung oder Anpassung der Schreibweise bestimmter Bezeichnungen an die weibliche, männliche oder diverse Form.

Bibliografische Information der Deutschen Nationalbibliothek
Die Deutsche Nationalbibliothek verzeichnet diese Publikation in der Deutschen Nationalbibliografie; detaillierte bibliografische Daten sind im Internet über http://dnb.d-nb.de abrufbar.

Wollgrasweg 41, 70599 Stuttgart (Hohenheim)
E-Mail: info@ulmer.de
Internet: www.ulmer.de
Projektleitung: Doris Kowalzik
Konzept: Christine Hutschenreuther
Lektorat: Alessandra Kreibaum
Herstellung: Katharina Merz
Reihen- und Umschlaggestaltung: Michaela Mayländer, Stuttgart, www.sistermic.de
Satz: Marion Schreiber, www.marionschreiber.de
Reproduktion: time:ray, Jettingen
Druck und Bindung: Pustet, Regensburg
Printed in Germany

FSC www.fsc.org MIX Papier aus verantwortungsvollen Quellen FSC® C014889

ISBN 978-3-8186-1225-2